Mit dem ***FAHRRAD*** *durch den* RHEIN-KREIS NEUSS

Mit dem FAHRRAD durch den RHEIN-KREIS NEUSS

Ronald Meyer

herausgegeben von der
Wirtschaftsförderungsgesellschaft
Rhein-Kreis Neuss mbH

12 Radtouren zwischen
12 und 80 Kilometer

J.P. BACHEM VERLAG

Bibliografische Information der Deutschen Bibliothek
Die Deutsche Bibliothek verzeichnet diese Publikation in der Deutschen Nationalbibliografie; detaillierte bibliografische Daten sind im Internet überhttp://dnb.ddb.de abrufbar.

1. Auflage 2004

Einbandgestaltung und Layout: Heike Unger, Berlin
Lektorat: Kerstin Goldbach, Köln
Karten: www.kartengrafik.de
Reproduktionen: Reprowerkstatt Wargalla, Köln
Druck: Druckerei J.P. Bachem GmbH & Co. KG, Köln
Printed in Germany
ISBN 3-7616-1726-7

www.bachem-verlag.de

Abbildungsnachweis
Alle Abbildungen Ronald Meyer außer:
Titelbild: Hermann Fahlenbach, Neuss
Seite 9: Lothar Berns, Neuss
Seite 14: Kreismedienzentrum Rhein-Kreis Neuss
Seite 20: Luftbild Elsässer GmbH, Stuttgart
Seite 21: Bayer Industry Services
Seite 106: Veronica Coenen, Grevenbroich
Seite 116: Sigrid Scheuss, Dormagen

Hinweis:
Die Adressen und Angaben im Serviceteil des Buches wurden vom Autor sorgfältig recherchiert und vom Verlag geprüft. Wir bitten um Verständnis, dass Verlag und Autor keine Garantie für die Richtigkeit der Angaben übernehmen können. Für Korrekturhinweise sind wir sehr dankbar.

Grußwort

Der Rhein-Kreis Neuss ist nicht nur seit Jahrhunderten ein starker Wirtschaftsstandort und ein lebendiges kulturelles Zentrum, sondern er ist auch ein höchst interessanter und vielseitiger Naherholungsraum. Vielen Fahrradfreunden ist der Rhein-Kreis Neuss mit seinen ausgeprägten Auenlandschaften, Feldern und Wiesen, den zahlreichen Ausflugszielen und den hervorragend ausgebauten und beschilderten Radwegen bereits gut bekannt. Die günstige Topographie macht Fahrradtouren auch für Ungeübte oder Familien mit Kindern zu einem ungetrübten Freizeitvergnügen.

Mit dem vorliegenden Radwanderführer wollen wir Ihnen nun Routenvorschläge vorstellen, die nicht extra ausgeschildert sind, die aber anhand der bereits vorhandenen Kennzeichnung ohne Probleme zu finden sind. Die Routen führen Sie zu den mehr als 50 erhaltenen Burgen und Schlössern im Rhein-Kreis Neuss, aber auch Kirchen, Klöster, Kapellen und nicht zuletzt Gasthäuser und Biergärten liegen am Weg und laden zur Einkehr ein.

Machen Sie sich auf den Weg, entdecken Sie die Schönheiten des Rhein-Kreises Neuss vom Fahrradsattel aus – umweltschonend, naturnah und vor allem mit ganz viel Spaß!

Dieter Patt, Landrat

Übersichtskarte

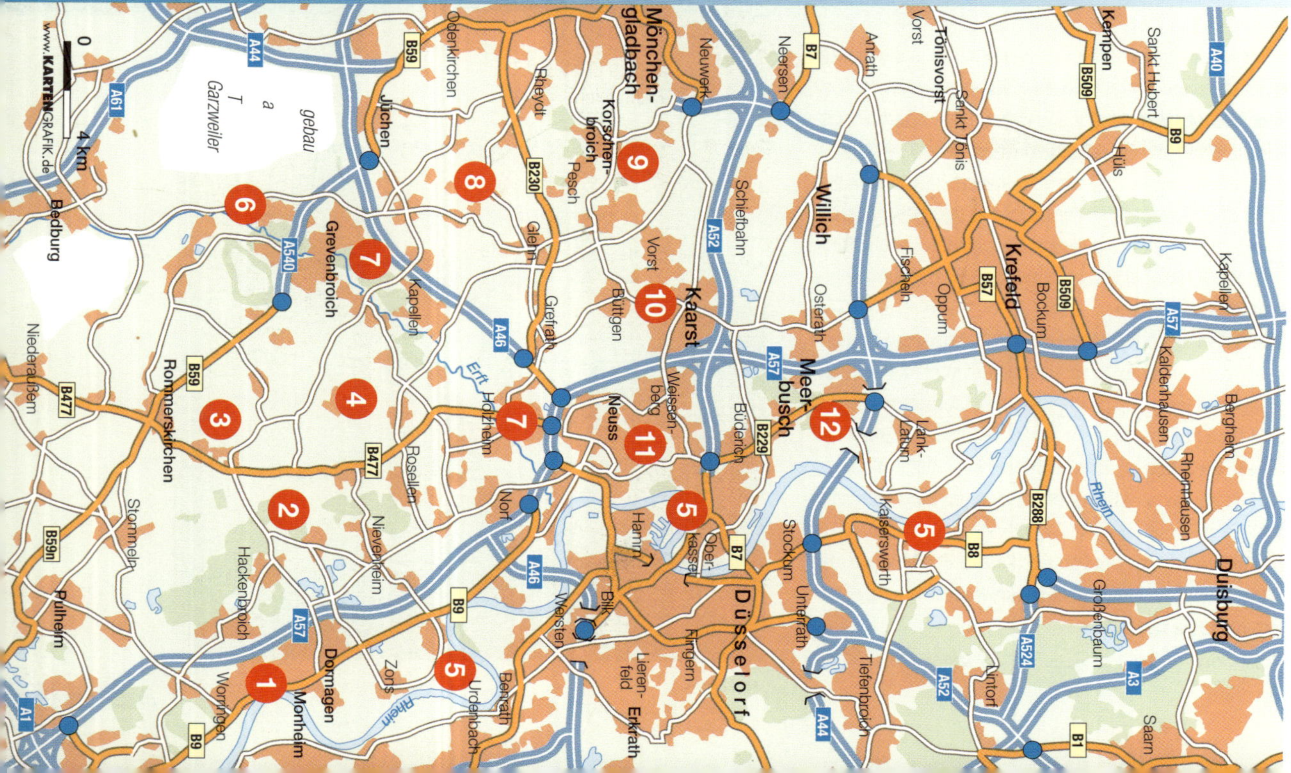

Inhaltsverzeichnis

30

Einleitung

Rad fahren im Rhein-Kreis Neuss ist seit jeher populär, denn mit seinen vielen Sehenswürdigkeiten und seiner flachen und reizvollen Landschaft ist diese Region eines der klassischen Fahrradparadiese in Nordrhein-Westfalen.

Auf zwölf Routen können Sie den Rhein-Kreis Neuss vom Sattel aus entdecken. Dabei gibt es einiges zu sehen. Ruhige beschauliche Plätze wechseln sich mit pulsierenden Industrie- und Gewerbegebieten ab. Wählen Sie, wonach Ihnen der Sinn steht. Ich wette, dass was Sie suchen, können Sie hier finden.

Autofreie Routen

Bei der Auswahl der Strecken wurde darauf geachtet, dass sich diese auf möglichst autofreien Wegen und abseits stark befahrener Straßen befinden, sie können so auch von Ungeübten und Kindern gefahrlos bewältigt werden. Sollten auf der Route Gefahrenstellen, Steigungen, zu enge Drängelgitter o.ä. vorhanden sein, so wird in der Tourenbeschreibung darauf hingewiesen. Ebenso werden Hinweise auf die Wegbeschaffenheit und Besonderheiten gegeben.

Ausgangspunkte der Touren sind Bahnhöfe mit Parkmöglichkeiten, so dass mit der Bahn oder mit dem Auto angereist werden kann. Bei den meisten Touren handelt es sich um Rundtouren, also Routen mit identischem Start- und Zielort. Die Streckentouren sind so konzipiert, dass sie an der gleichen Bahnlinie beginnen und enden. Die Routenplanung wird so vereinfacht.

Eine Radtour setzt gündliche Planung voraus

Aufgrund der guten Infrastruktur des Rhein-Kreises Neuss können die Rundtouren meist problemlos gestückelt und die Tourenlängen so ganz individuell verändert werden.

Infos und detaillierte Wegbeschreibung

Jeder Tourenbeschreibung ist ein Info-Kasten vorangestellt, indem sowohl die Tourenlänge als auch die Charakteristik und der Schwierigkeitsgrad der Strecke kurz beschrieben werden. Einkehrmöglichkeiten gibt es auf allen Touren. Die Adressen und Telefonnummern sind im Serviceteil hinten im Buch aufgeführt.

Im Text erfolgt die detaillierte Wegbeschreibung (schwarz) sowie Informationen über Sehenswürdigkeiten entlang der Wegstrecke (blau). Am Ende jeder Tourenbeschreibung ist auf einer Karte der genaue Tourenverlauf dargestellt.

Tipps zur Orientierung

Um einen noch besseren Überblick über den Tourenverlauf zu bekommen, oder um Streckenänderungen besser planen zu können, empfehle ich einen Blick in die Radwanderkarte des Rhein-Kreises Neuss vom Bielefelder Verlag (ISBN 3-87073-316-0).

Die meisten Radwege im Rhein-Kreis Neuss sind ausgeschildert. Hier eine Auflistung der überregionalen Radwanderwege:

- Erlebnisweg Rheinschiene
- Erftradweg
- EUROGA – Radweg
- Niederrhein-Route /Hauptroute
- Niederrhein-Route /Nebenroute
- Kaiserroute

In den Tourenbeschreibungen sind oftmals die Straßennummern (L 116, K 13 o.ä.) genannt. Diese Bezeichnungen finden Sie auf Pfosten in ca. 150 Meter-Abständen am Straßenrand.

Praktisches Format

Das Format sowie die Spiralbindung sind so gestaltet, dass das Buch in alle handelsüblichen Lenkertaschen, notfalls auch in die Jackentasche passt. Die Informationen und Hinweise sind so immer schnell zur Hand.

Tipps zur Radtour

Rad fahren ist gesund und macht Spaß! Damit Sie Ihre Tour vom Anfang bis zum Ende richtig genießen können, hier ein paar Tipps:

Zustand des Fahrrades

Häufig wird der Zustand des Fahrrades falsch eingeschätzt. Dabei unterliegt es, ebenso wie ein Kraftfahrzeug, der Straßenverkehrszulassungsordnung (StZVO). Das bedeutet, dass neben zwei unabhängig voneinander funktionierenden Bremsen eine hell tönende Fahrradklingel, Seitenreflektoren, Schutzbleche sowie auch bei Helligkeit eine funktionierende Lichtanlage am Fahrrad installiert sein müssen. An Vorder- und Hinterlicht müssen außerdem jeweils ein weißer (vorne) und roter (hinten) Reflektor vorhanden sein, die Pedalen benötigen gelbe Reflektoren.

Darüber hinaus sollten Kette, Rahmen und Reifenprofil in gutem Zustand sein. Dies ist zwar nicht Pflicht, der Tretwiderstand einer gut geölten Kette ist aber weitaus geringer als bei einer nicht geölten Kette. Eine gewissenhafte Sichtkontrolle und Wartung lohnt sich also. Schlecht aufgepumpte Reifen erfordern außerdem mehr Kraft beim Treten (der Reifendruck sollte bei Tourenrädern etwa 4 atü und bei MTB etwa 6 atü betragen).

Abgefahrene Reifen (Mäntel) rutschen bei nasser oder glatter Straße schneller weg als Reifen mit neuem Profil. Außerdem ist die Gefahr eines Totalschadens natürlich viel größer.

Was nehme ich mit

Das Equipment für Radtouren reicht von der praktischen Lenkertasche mit Klarsichthülle (für den Radwanderführer) über Fahrradflaschen bis hin zu Satteltaschen und Anhängern. Regenbekleidung für den kurzen Schauer sollte ebenso wenig fehlen wie ein kleines Erste-Hilfe-Set, ergänzt um Desinfektionsmittel für Schürfwunden. Auch wenn Sie beabsichtigen unterwegs einzukehren, ein „Nothappen" und Energiespender (Müsli-Riegel, Traubenzucker) sollte immer dabei sein, um dem Symptom des Unterzuckerns entgegenwirken zu können.

Regeln im Straßenverkehr

Hier eine Kurzübersicht:

- ✦ Radwege auf der linken Fahrbahnseite dürfen dann benutzt werden, wenn dort das entsprechende blaue Schild mit dem weißen Fahrrad in die Richtung zeigt. Ansonsten muss auf der Fahrbahn geradelt werden.
- ✦ Auf Bürgersteigen ist das Radeln nur erlaubt, wenn ein Zusatzschild

(„Radverkehr frei") ausdrücklich darauf hinweist. In diesem Fall muss auf Fußgänger aber besonders Rücksicht genommen werden.

✦ Zebrastreifen bieten lediglich Fußgängern Vorrang, Radfahrer müssen also absteigen und schieben.
✦ Ampeln
  - fehlt eine Extra-Fahrrad-Signalisierung, so gilt jeweils die Ampel für den Autoverkehr
  - liegt der Radweg auf dem Bordstein, so gilt die Fußgängerampel
  - bei Fahrradstreifen auf der Fahrbahn gilt die Ampel für den Autoverkehr

Fahrrad fahren mit Kindern

Wenn sich Kinder in der Gruppe befinden, lassen Sie diese nicht hinterher fahren. In einer Gruppe sollte der Langsamste immer vorne oder in der Mitte seinen Platz finden. Kinder auf Fahrradsitzen sehen und erleben mehr, wenn der Sitz zwischen Fahrer(in) und Lenker montiert ist (Schwerpunkt des Rahmenoberrohres beachten!). Eine Beobachtung des Beifahrers wird so vereinfacht und das Kind sieht von der Landschaft mehr als einen schönen Rücken.

Fahrradanhänger sind eine weitverbreitete Alternative. In den Tourenbeschreibungen wird auf besonders schmale Wege und Drängelgitter hingewiesen. Fahrradanhänger sollten folgende Kriterien erfüllen:

✦ stabiler Rahmen mit Überschlagsschutz
✦ breite Gurte
✦ sichere Radbefestigung (am besten: winkelbewegliche Kupplung)
✦ Schutz gegen das Hineingreifen in die Laufräder

Anreise

Die Touren sind so konzipiert, dass man sowohl mit dem Auto als auch mit der Bahn anreisen kann. Beide Anreisemöglichkeiten haben ihre Vor- und Nachteile.

Bei der Anreise mit dem PKW muss man in jedem Fall zum Ausgangspunkt zurückgelangen. Die Routen sind so konzipiert, dass dies per Rad oder Bahn erfolgen kann.

Bei der Anreise mit der Bahn sind der Fahrplan und die Beförderungsrichtlinien des Verkehrsverbundes Rhein-Ruhr (VRR) zu beachten. Aktuelle Informationen hierzu gibt es bei den KundenCentern des VRR oder im Internet unter www.vrr.de.

Wann darf ich ein Fahrrad mitnehmen?

Grundsätzlich können Sie während der folgenden Zeiten ein Fahrrad mitnehmen:

- In allen zum VRR-Tarif zugelassenen Zügen mit Gepäckwagen / Gepäckabteil von Betriebsbeginn bis Betriebsschluss.
- In S-Bahnen, RegionalExpress (RE), RegionalBahn (RB) sowie allen übrigen zum VRR-Tarif zugelassenen Zügen ohne Gepäckwagen Gepäckanteil:
  Mo – Fr: außer von 6.30 – 9.00 Uhr ganztägig
  Sa, So, Feiertag: ganztägig
- In Stadtbahnen, Straßenbahnen und Omnibussen:
  Mo – Fr: von 9.00 Uhr bis Betriebsschluss
  Sa, So, Feiertag: ganztägig

Hinweis ZusatzTicket:
Für die Fahrradmitnahme benötigen Sie zusätzlich zu Ihrem regulären Ticket pro Fahrt und Rad ein ZusatzTicket. Nur mit dem Ticket2000 sowie dem YoungTicketPlus ist die Mitnahme eines Fahrrades kostenlos.

In den Routentexten wird auf Besonderheiten hingewiesen.

Rad fahren im Rhein-Kreis Neuss ist für alle ein Vergnügen

BAYER
DORMAGEN

Tour 1: Industrie und mehr

Start: S-Bahnbahnhof Dormagen-Bayerwerk
Ziel: Neusser Hauptbahnhof, Bahnhof Neuss Rheinparkcenter (wer abkürzen möchte)
Länge der Tour: 35 km
Schwierigkeitsgrad: leicht
Wegbeschaffenheit: die Strecke verläuft über befestigte Wege
Anfahrt (per Bahn): mit der Linie S11. Hinweis: Da am Startpunkt Dormagen-Bayerwerk eine Fußgängerbrücke das Wechseln des Gleiskörpers erschwert, sollten Sie die S 11 aus Richtung Köln kommend, schon in Köln-Worringen verlassen und den Ausgang Richtung Roggendorf benutzen. Hier geht es dann rechts auf der Straße entlang direkt zum S-Bahnhaltepunkt Dormagen-Bayerwerk.
Parkmöglichkeiten: Parkplatz gegenüber des S-Bahnbahnhofs sowie auf dem Firmenparkplatz der Firma Bayer AG
Sehenswürdigkeiten: Bayerwerk Dormagen, mittelalterliche Stadt Zons, Rheinhafen Stürzelberg, Rheinhafen Neuss

Eine Tour zwischen Dormagen und Neuss

Der Rhein-Kreis Neuss ist seit jeher ein attraktiver Arbeits- und Lebensraum. Seine bevorzugte geographische Lage am Rhein, die fruchtbaren Lössböden sowie seine Nähe zum benachbarten Ausland führten schnell dazu, dass sich die Menschen hier an diesem Platz niederließen. So hinterließen bereits die Römer erste Zeugnisse einer geordneten Besiedlung. Eine umfassende Darstellung der Funde aus der Römerzeit kann man im Clemens-Sels-Museum in Neuss besichtigen. Bis in die heutige Zeit siedelten und wirtschafteten die Menschen in diesem Raum. Die großen Industrie- und Handelsfirmen sind Zeugen dieser Entwicklung, die wir auf dieser Tour bestaunen können. Eine interessante Tour, sicherlich nicht nur für Technikbegeisterte.
Wir starten unsere Tour am S-Bahnhaltepunkt Dormagen-Bayerwerk. Es geht los, auf der Straße durch das Firmengelände links in Richtung Köln.

Bayer Dormagen – ein bedeutender Industriestandort

*Seit der Gründung im Jahre 1917 hat sich das **Bayerwerk Dormagen** zu einem hochmodernen Chemiepark entwickelt. Hier stellen rund 6000 Bayer-Mitarbeiter Pflanzenschutzmittel, Kautschuke, Lackrohstoffe, Polyurethane, Kunststoffe, organische Zwischenprodukte sowie*

Der Rhein - eine viel befahrende Wasserstraße

anorganische Chemikalien her. Die hervorragende Infrastruktur des Chemieparks wird nicht nur von den Bayer-Teilkonzernen und Servicegesellschaften genutzt: Neben den beiden Beteiligungen Bayer Faser GmbH und Chemion Logistik GmbH sind außerdem die Unternehmen BP Köln, Dralon, Heraeus-Kulzer, HOYER, Messer-Griesheim, Polymer-Latex und RWE Energie auf dem rund sechs Quadratkilometer großen Chemiestandort zu Hause.

An der ersten großen Kreuzung fahren wir links in die **Hackenbroicher Straße** hinein und überqueren den Bahnübergang. Danach geht es wiederum links in die **Alte Straße** und an deren Ende in den **Dörnchensweg** hinein, vorbei an dem Firmengelände der Firma BP. Am Rheinufer angekommen, fahren wir links und sehen schon die Verladeeinrichtungen für die Rheinschiffe. An den Kaianlagen des Chemieparks Dormagen werden Rohstoffe und Produkte aus der chemischen Industrie umgeschlagen.

Am neuen TSV Bayer Sportcenter überqueren wir die B 9 und fahren entlang des Rheins Richtung Norden. Linker Hand passieren wir die Industrieabfalldeponie der Bayer AG.

Die Abfalldeponie *wurde umweltgerecht in das Landschaftsbild der Dormagener Rheinaue eingefügt. Seit 1975 ist sie in Betrieb. Bei ihrer Errichtung wurde dem Aufbau der Untergrundabdichtung besondere Sorgfalt gewidmet: eine riesige Kunststoffwanne sorgt auf dem Gelände dafür, dass kein Sickerwasser mit dem Grundwasser in Berührung kommt. Das gesamte Deponiegelände misst 33 Hektar, was einer Fläche von 45 Fußballfeldern entspricht.*

Wir fahren weiter auf dem Rheindeich flussabwärts. Bei den Klinker-Bauwerken im Rheinvordeichgelände handelt es sich um so genannte Horizontalfilterbrunnen. Die Brunnen fördern Uferfiltrat des Rheins, das als Brauchwasser in den Betrieben des Chemieparks eingesetzt wird. Wir gelangen zur **Mittelalterlichen Stadt Zons** und können das herrliche Panorama genießen. Gönnen Sie sich hier einen kleinen Spaziergang durch das historische Städtchen.
Geradeaus rechts, links neben dem Fähranleger sehen wir die Schienen der alten Zonser Werft. Wer bei Hochwasser oder mit dem Rennrad unterwegs ist, biegt links – entlang des Deiches Richtung Stürzelberg – in die Straße **Rheinau** ab.

*Die **Fleischauer Werft** ist hier seit dem Jahr 1900 mit dem Bau von Fahrgastschiffen und Fährschiffen beschäftigt – heute hat man sich auf den Bau von Schiffen für die Wasserschutzpolizei, Bundesgrenzschutz oder Zoll spezialisiert. Die Fertigung eines solchen Schiffes dauert rund drei bis vier Monate. Die gebauten Schiffe werden dann auf der Helling (der Schienenanlage in der Wegedecke) zu Wasser gelassen. Je nach Bestimmungsort der Schiffe werden diese zur Traileranlage im Kölner Hafen gefahren und von dort aus auf einen Tieflader verladen oder direkt auf dem Rhein zum Bestimmungsort transportiert.*

Auf der Fähre wird es manchmal eng

Es geht weiter entlang des Treidelpfades in Richtung Dormagen-Stürzelberg. Auf diesen Wegen wurden die Lastkähne mit Muskelkraft flussaufwärts gezogen, sprich getreidelt. In Stürzelberg biegen wir auf der **Oberstraße** rechts ab und fahren am Dorfplatz, mit einem

Der Stadtgraben von Zons

Erinnerungsstein an die Treidelschifffahrt, bis zum Kreisverkehr an der Sachtlebenstraße. Hier biegen wir rechts in die **Sachtlebenstraße** ein und gelangen zum Stürzelberger Hafen.

Die Firmen uct Umschlag Container Terminal GmbH und Hydro Aluminium zeigen, wie die vorteilhafte Lage am Rhein logistisch genutzt werden kann. Am ***Stürzelberger Hafen*** *werden auf rund 26.000 Quadratmeter Güter von der Straße aufs Wasser, oder andersherum umgeschlagen. So erfolgt die Anlieferung der Rohstoffe zur Aluminiumproduktion bei Hydro Aluminium zu einem großen Teil über den Wasserweg.*

Es geht weiter über die Kreuzung an der B 9 in den **Zinkhüttenweg**. In der Zeit von 1912 bis 1971 wurde hier eine Schwermetallhütte betrieben. Heute ist das gesamte Areal Teil eines Gewerbegebietes.
Nun kann man schon von weitem einen Blick auf das Firmengelände der Hydro Aluminium AG werfen. Links des Weges befindet sich ein großes Gaslager der Thyssen-Gas AG und wir biegen rechts in den **Stüttger Weg** in Richtung Stüttger Hof ein.
Vorbei am Silbersee einer ehemaligen Auskiesungsfläche, kreuzen wir die Schienen der zu Hydro Aluminium führenden Werksbahn. Hier werden rund 10.000 Tonnen Primäraluminium hergestellt und zu großen Barren verarbeitet. Diese Aluminiumbarren sind wiederum das Aus-

gangsprodukt für Aluminiumprodukte, angefangen vom Fahrradrahmen bis hin zur Aluminiumbackfolie.

Wir erreichen ein Umspannwerk und können hier bei guter Sicht links am Horizont die Braunkohlekraftwerke der RWE AG am Rande des Tagebaus Garzweiler 2 betrachten. Von links nach rechts sind dies Bergheim-Niederaußem, Grevenbroich- Neurath und Grevenbroich-Frimmersdorf. In den Kraftwerken werden rund 2,5 Gigawatt Strom aus Braunkohle erzeugt und per Überlandleitung direkt zu den Großabnehmern transportiert. Der Rest der Stromproduktion wird in das Stromnetz zur Versorgung der Haushalte eingespeist (s. Tour 6). Wir fahren hinter dem Umspannwerk rechts ab und passieren das weltgrößte Aluminium-Kaltwalzwerk, dass von der Firma Alu-Norf betrieben wird.

An der K 30n biegen wir rechts in die **Tucher Straße** ein. Hier führt uns der Weg bis zur Firma FAKO. Die FAKO-Getränke GmbH stellt als Konzessionär Coca-Cola her und wird somit vielen, wenn auch unbewusst, bekannt sein. Es geht links weiter in die Straße **Am Blankenwasser**. Nach der Unterquerung der A 46 führt der Weg an der Betonunion links auf den Radweg. Hier wird eine weitere Form der Bodennutzung sichtbar. Die vorhandenen Bodenschätze Sand und Kies werden zu Transportbeton verarbeitet und in naheliegenden Zentren von der Bauindustrie zur Weiterverarbeitung genutzt.

Alu-Norf - das weltgrößte Aluminium Kaltwalzwerk

Rechts geht es weiter auf der **Jagenbergstraße** Richtung B 9, vorbei am neuen Handelszentrum der Metro AG. Wir fahren links auf der Bonner Straße (B 9) bis zur Ampel an der Hüsenstraße. Hier überqueren wir die B 9 und biegen danach links in die **Cyriakusstraße** ein. Vorbei an der Pfarrkirche St. Cyriakus, benannt nach einem römischen Märtyrer, der zu dem Kreis der „heiligen 14 Nothelfer“ zählt.

Central Hafen Neuss – ein wichtiger Umschlagplatz

Jetzt können wir uns von der hektischen Betriebsamkeit der Gewerbezentren erholen. Wir gelangen an den Rhein und können dem Wellenrauschen lauschen. Das Tuckern der Dieselmotoren erinnert uns jedoch daran, dass es sich beim Rhein auch um eine gewerblich genutzte Wasserstraße handelt. Wir fahren immer weiter am Rhein entlang, überqueren die Erft und kommen zum **Sporthafen Neuss**. Die Fähnchen und Masten geben ein heiteres Stelldichein. Weiter geht es entlang des Rheindeiches Richtung Südbrücke. Links des Weges passieren wir weitere Zeugnisse Neusser Industriegeschichte.

*Die **Fabrik Albert** verarbeitete hier Anfang des 20. Jahrshunderts plattierte Abfälle von Infanteriegeschossfabrikationen zu Kupfer- und Nickelvitriol und die **Chemische Fabrik Wülfung, Dahl & Cie.** stellte hier während des Ersten Weltkrieges Sprengstoffe für die Heeresverwaltung her. Im Rahmen der EUROGA 2002+ wird hier, nach der Sanierung des Areals, der **Rheinpark Neuss** angelegt.*

Im Hintergrund sehen wir die Bauten des Gewerbegebietes Neuss-Hammfeld, dem großen Neusser Gewerbezentrum. Weltfirmen wie 3M, Rank Xerxos und Toshiba haben hier ihre Dependancen. Weiter geht es Richtung Südbrücke. Nach der Brückenrampe fahren wir ein kurzes Stück auf der Straße **Rheinallee** am Swissôtel vorbei. In dem Linksknick auf den rechts entlang der Straße verlaufenden Radweg radeln wir weiter und folgen der Beschilderung für den Erlebnisweg Rheinschiene. Nun biegen wir rechts in die Straße **An der Hammer Brücke** ein. Hier befindet sich rechts der S-Bahnhaltepunkt Neuss-Rheinparkcenter (ohne Aufzug!). Wer möchte, kann hier die Tour beenden, wer

Das Bayerwerk Dormagen aus der Luft

weiterfährt, radelt über den Parkplatz am S-Bahnhaltepunkt, dann rechts weiter unter den Willy-Brand-Ring hindurch und sofort wieder links in die **Tilsiter Straße**. Es geht an den Werkseinfahrten der Firma Knauf Gips KG vorbei.

Bei der Rauchgasentschwefelung in den Braunkohlenkraftwerken entstehen pro Jahr etwa 300.000 Tonnen Gips. Dieser Gips wird von der Gipsindustrie zu einem wiederverwendbarem Wirtschaftsgut für die Bauindustrie weiterverarbeitet (siehe Tour 6).

Wir erhalten nun Einsicht in eines der spektakulärsten Industriegebiete im Rhein-Kreis Neuss, dem **Central Hafen Neuss**.

Neuss ist seit der Römerzeit einer der wichtigsten Handelsplätze in dieser Region. Am Rhein gelegen und umgeben von einem sehr fruchtbaren Umland wurde Neuss dann im Mittelalter nicht zufällig Mitglied der Hanse. Im Zuge der Industrialisierung stieg die Nachfrage nach maschineller Produktfertigung und dem schnelleren Transport größerer Gütermengen. Dies war der Ursprung des Neusser Hafens, zunächst mit der Ansiedlung von Ölmühlen.

Namen wie Thywissen, Walter Rau, Sels, Nestlé-Deutschland mit der Marke Thomy oder die Mehlmühle Werhahn bezeugen die Bedeutung der Industrieansiedlung in Neusser Hafen. Zu Beginn des 20. Jahrhunderts siedelten sich hier auch Unternehmen der Schwerindustrie an, beispielsweise eine der ersten amerikanischen Industrieansiedlungen in Deutschland, die Traktoren- und Motorenfabrik International Harvester, später Case.

Aktuelle Daten: 350 Hektar Hafenfläche, davon 73,3 Hektar Wasserfläche mit 17,4 Kilometer Uferlänge, 72 Kilometer Gleisanlagen, 25 Krananlagen, 21 Sauganlagen, zehn Mineralölumschlagleitungen, vier Speiseöl-Umschlagleitungen, zwei Containerkräne, sowie Schüttrohre und Sackverladeanlagen, Umschlaganlage, Lagerhalle und Ufer-Förderbandanlage für Schüttgüter, knapp 7000 Schiffsbewegungen pro Jahr.

Weitere Informationen zum Neusser Hafen erhalten Sie auf der Informationstafel des Erlebniswegs Rheinschiene.

Es geht weiter die Brücke hinunter zur **Düsseldorfer Straße**. Hier biegen wir links ab, auf der Stadtgrenze zu Düsseldorf geht es dann wieder links in die **Bockholtstraße** hinein. An der **Xanterner Straße** biegen wir links ab und fahren an der Firma FS Karton vorbei, die Kartonagen hergestellt und Altpapier recycelt.

Nach soviel Information fahren wir geradeaus zurück zur Düsseldorfer Straße und biegen dort rechts ab in Richtung des Neusser Hauptbahnhofes. Von hier aus bringt Sie die S11 Richtung Bergisch Gladbach/Köln wieder zum Startort zurück.

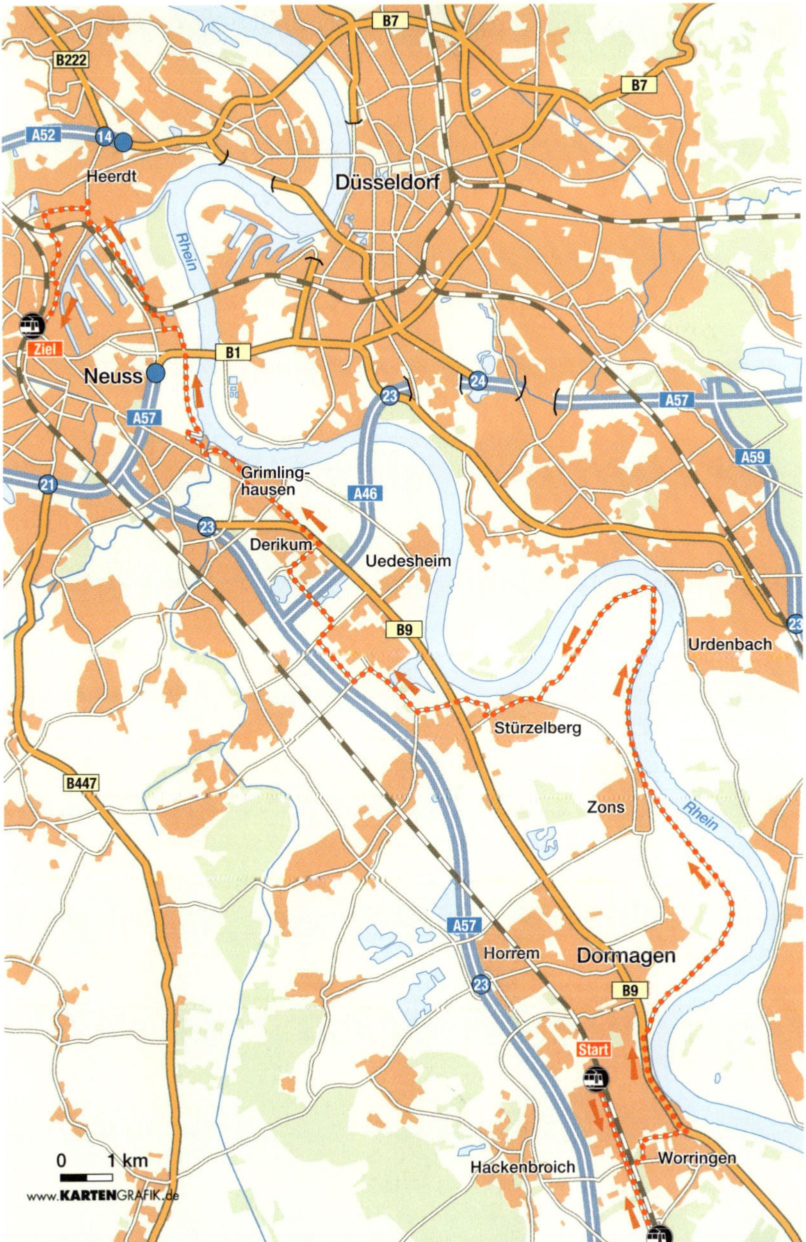

B7
B222
A52
14
Heerdt
Düsseldorf
Rhein
Ziel
B1
Neuss
A57
23
24
A59
21
Grimling-
hausen
A46
Derikum
Uedesheim
B9
Urdenbach
Stürzelberg
Zons
B447
Horrem
Dormagen
Start
Hackenbroich
Worringen
0 1 km
www.KARTENGRAFIK.de

1

Tour 2: Zum Kloster Knechtsteden

Start: S-Bahnhof Dormagen-Bayerwerk
Ziel: Bahnhof Nievenheim
Länge der Tour: 23 km
Schwierigkeitsgrad: leicht
Wegbeschaffenheit: gut befahrbare Waldwege, teils asphaltiert
Anfahrt (per Bahn): mit der Linie S 11. Hinweis: Anreisende aus Richtung Köln sollten die S 11 bereits in Worringen verlassen und entlang der „Sinnersdorfer Straße“ an der beampelten Kreuzung rechts auf die K 18 bis zum Randkanal fahren. Dort geht es links ab auf den hier beschriebenen Weg. Sie ersparen sich so einen unangenehmen Übergang über die Fußgängerbrücke am S-Bahnhof Dormagen – Bayerwerk.
Parkmöglichkeiten: Am S-Bahnhof Dormagen- Bayerwerk stehen auf dem Gelände des Bayerwerks ausreichend Parkplätze zur Verfügung.
Sehenswürdigkeiten: Schloss Arff, Chorbusch, Kloster Knechtsteden

Radeln zwischen Eichen und Buchen

Die insgesamt rund 23 km lange Tour führt auf ca. 15 km durch Wald – eine herrlich erfrischende Tour, vor allem an heißen Sommertagen. Aber bitte beachten Sie, der Wald ist ein beliebter Lebensraum, daher seien Sie rücksichtsvoll gegenüber anderen Erholungssuchenden und der heimischen Tierwelt.

Wir fahren vom S-Bahnhof Dormagen-Bayerwerk kommend bis zur Kreuzung. Hier biegen wir rechts ab und folgen dem Radweg an der K 36, bis links die Abbiegemöglichkeit direkt zum Kölner Randkanal besteht. Dort folgen wir der alten Straßenführung entlang des Randkanals. Wir kreuzen die K 18 und fahren weiter Richtung Dormagen Hackhausen. An dem „Eckener Grenzstein“ fahren wir links in die **Schloss-Arff-Straße**, vorbei am Katharinen Hof. Hier liegt rechts neben der Strecke das **Schloss Arff**, eine einstige Wasserburg aus dem 14. Jahrhundert. Weiter dem Weg folgend, nähern wir uns dem Chorbusch.

*Der Knechtstedener Wald mit dem **Chorbusch** ist rund 1200 Hektar groß und stellt ein strukturreiches, altersheterogen zusammengesetztes Waldgebiet dar. Es ist das größte zusammenhängende Waldgebiet im Rhein-Kreis Neuss und umfasst von Norden nach Süden den*

Eingang zur alten Wasserburg „Schloss Arff"

Mühlenbusch, den Knechtstedener Busch sowie den Chorbusch. Ein Großteil des Gebietes ist identisch mit dem Naturschutzgebiet Knechtsteden. Der Chorbusch weist besonders große, naturnahe Stieleichen-Hainbuchenwälder auf, dessen Kernfläche die Naturwaldzelle „Am Sandweg" darstellt. Hier kann sich die Natur ungestört entwickeln und sie wird häufig als Exkursionsziel von Biologiestudenten aufgesucht.

Am Parkplatz folgen wir der Radwegebeschilderung rechts Richtung Delhoven/Kloster Knechtsteden, vorbei an einer rotweißen Schranke in den Wald hinein. Schon nach wenigen Metern fühlen wir die kühle Frische des Waldes – dies ist Entspannung pur.

Nach rund 2 km treffen wir auf eine erste Wegkreuzung. Wir folgen dort der Ausschilderung geradeaus Richtung Delhoven. Wir fahren weiter auf diesem schön ausgebauten asphaltierten Waldweg bis zum Parkplatz Dormagen-Delhoven. Dort biegen wir links in den wassergebundenen Waldweg mit Schotter-Oberfläche ein und radeln weiter durch den schönen Wald. An der nächsten Abbiegung halten wir uns rechts, dem weißen Kreuz folgend. Bis zu dessen Ende, dann geht es rechts herum wieder dem weißen Kreuz folgend auf einen Schotterweg. Wir folgen weiter dem weißen Kreuz und biegen dann rechts ab. Rechter Hand öffnet sich kurzzeitig der Blick auf die Gärtnereisiedlung „Am Blechhof" in Dormagen/Delhoven. An der nun folgenden Weggabelung fahren wir links, bis zu einem asphaltierten Waldweg. Auf diesem Weg radeln wir rechts weiter bis zum Kloster Knechtsteden.

*Bei dem **Kloster Knechtsteden** handelt es sich um eine 1138 bis 1162 in Tuffstein errichtete romanische Gewölbebasilika. Sie wurde als Stifts-*

kirche der Prämostratenser Abtei errichtet. In der Westapsis der Basilika befindet sich ein monumentales Fresko aus dem Jahre 1160 in dem Christus als Weltenherrscher dargestellt ist. Nach erheblichen Beschädigungen während der Neusser Fehde 1474, wurde die Ostapsis 1477 im gotischen Stile erneuert. Die heutige Innengestalt erhielt die Basilika im Wesentlichen durch die Restaurierung in den Jahren 1962 bis 1964. Aufgrund ihrer besonderen kunstgeschichtlichen Bedeutung und der jahrhundertelangen Tradition als Wallfahrtsort zum Gnadenbild „die Not Gottes" aus dem 14. Jahrhundert, erhielt die Basilika 1974 den päpstlichen Titel „Basilika minor". Heute leben in Knechtsteden rund 30 Spiritanerbrüder und -patres. Einen kleinen Einblick in die Missionsarbeit der Spiritaner erhält man in der Tagungsstätte „Libermann-Haus".

Am Parkplatz folgen wir der Beschilderung zum Kloster und überqueren die L 280 Richtung Kloster Knechtsteden. Weiter geht es auf dem Radweg, und nach der Kreuzung mit der L 36 sehen wir das Eingangstor zum Kloster Knechtsteden. Als gute Gelegenheit für eine Rast empfiehlt sich der davor liegende Klosterhof. Hier erwartet Sie rheinische Gastfreundlichkeit und eine besondere Spezialität: Das Knechtstedener Schwarzbier. Doch Vorsicht! Das Knechtstedener Schwarzbier hat schon die Abläufe mancher Ausflugstouren unverhofft geändert.

Die Tour führt uns weiter über den Parkplatz, an dessen Ende fahren wir links wieder vorbei am Kloster und der Einfahrt zum Liebermann-Haus hinein in den Wald, wo wir an der ersten größeren Kreuzung rechts abbiegen. Wir folgen nun der Ausschilderung der „Kaiserroute". An der nun folgenden Kreuzung fahren wir links auf den Sandweg und vor der Brücke über den Stommelner Bach, direkt wieder rechts Richtung Straberg. Hier heißt es nun noch einmal Sonne tanken, bis wir wieder in den Wald eintauchen. Linker Hand haben wir einen schönen Blicke auf den Kirchturm von Sankt Odilia in Dormagen-Zons. Wir überqueren den Stommelner Bach über die kleine Wehranlage und fahren direkt in den Mühlenbusch und bleiben immer auf diesem Waldweg, der an einer großen Kreuzung schräg links weiterführt bis auf die L 142. Diese überqueren wir und fahren weiter durch den

Das 1723 erbaute Torhaus des Klosters Knechtsteden

Wald, immer geradeaus bis Sie an ein offenes Feld gelangen. Dort sehen wir die Häuser von Neuss-Neuenbaum. Je nachdem zu welcher Tageszeit man hier verweilt, kann man das Wild beim äsen beobachten.

Wir radeln auf dem Weg aus Betonplatten, rechts am Feld vorbei. Am Ende des Feldes fahren wir links und dann sofort wieder rechts. Immer geradeaus über mehrere Kreuzungen hinweg, bis es am Ende des Weges wieder rechts abgeht. An der nun folgenden Wegkreuzung halten wir uns links und können schon den Waldrand erahnen. Unsere Route verabschiedet sich nun vom schönen Wald und führt direkt zum S-Bahnhof Nievenheim. Rechte Hand befindet sich das Wasserwerk Mühlenbusch, wir fahren weiter geradeaus und überqueren den Norfbach. Danach radeln wir an der Kläranlage Dormagen Nievenheim vorbei und weiter geradeaus Richtung L 380. Am Horizont links voraus sehen wir die alte Müllkippe von Dormagen Nievenheim. Heute ist sie eine Auswilderungsstation für verletzte Wildtiere. Hinten am Horizont können wir schon unser Ziel erahnen. Vor der Autobahn A 57 befindet sich die Gleisverbindung zwischen Köln und Neuss. Um diese zu erreichen, fahren wir am Vorfahrtachten-Schild rechts entlang der L 380 bis zum Kreisverkehr. Hier geht es dann links (3. Ausfahrt) in die Straße **Im Scheidpatt** hinein. Zwischen Bebauung und Discountläden fahren wir Richtung Bahnhof Nievenheim. Am nächsten Kreisverkehr geht es weiter geradeaus, der kombinierte Fuß-/Radweg wechselt jedoch auf die links Straßenseite. Nun kommt wieder ein Kreisverkehr wo wir rechts in die Straße **Am Schwimmbad** hineinfahren. Wir passieren das Schwimmbad Nievenheim, überqueren die Bismarck Straße und fahren links entlang der Straße zum Bahnhof Nievenheim. Hier ist der Endpunkt unserer Tour. Die S- Bahn Richtung Köln fährt auf unserer Seite der Unterführung, für die S- Bahn Richtung Neuss unterqueren wir den Gleiskörper und fahren links zum Bahngleis.

Der Wald im Sommer – Genuss pur!

2

Rhein
Dormagen
B9
A57
25
26
Start
Ziel
Worringen
Roggendorf
Hackenbroich
Hackhausen
Chor-
busch
Delhoven
Pletschbach
Stommeler
Busch
Nievenheim
Straberg
Ückerath
Knecht-
stedener
Busch
Kloster
Knechtsteden
Roseller
Heide
0
1 km
www.KARTENGRAFIK.de

Tour 3: Das Gillbachtal

Start und Ziel: Bahnhof Rommerskirchen

Länge der Tour: 28 km

Schwierigkeitsgrad: leicht

Wegbeschaffenheit: gut ausgebaute Wirtschaftswege

Anfahrt (per Bahn): mit den Linien RE 8 oder RB 27

Parkmöglichkeiten: am Bahnhof Rommerskirchen sind ausreichend PR-Parkplätze vorhanden

Sehenswürdigkeiten: Gillbachtal, Braunkohlenkraftwerke, Skulpturenhallen Ulrich Rückriem

Durch das frühere Zentrum der Macht

Der Weg führt uns über das gut ausgebaute Wirtschaftswegenetz der Gemeinde Rommerskirchen vorbei an alten Hofanlagen und durch kleine Ortschaften. Wir fahren fast durch das gesamte Gemeindegebiet und bekommen spannende Einblicke in das Leben auf dem Lande.

Am Bahnhof Rommerskirchen müssen die mitgebrachten Fahrräder noch durch eine Treppenunterführung getragen werden. Nach kurzer Überprüfung unserer Fahrradtechnik fahren wir links neben der B 477 in die Straße **Hermeshoven**. Wir überqueren den Bahnübergang und biegen in den nächsten Feldweg links ab. Hier unterqueren wir den „Strategischen Bahndamm" (siehe Tour 4). Es geht vorbei am Hermeshof und nach der Überquerung des Gillbaches rechts weiter auf dem Feldweg. Der Weg führt uns entlang einer Baumreihe, welche sich auf dem alten Strategischen Bahndamm befindet.

Wir folgen dem **Lommertzweg** bis in die Ortschaft Nettesheim und radeln dort rechts am Feuerwehrhaus vorbei, links über den neu hergerichteten Dorfplatz. An der Kirche St. Martin mit einem romanischen Turm aus dem 12. Jahrhundert, fahren wir links in die Straße **Am Frohnhof** in Richtung Grillhütte weiter. Wir unterqueren noch einmal

Der Ramrather Hof im Gillbachtal

Friedlich fließt der Gillbach entlang des Weges

den alten Strategischen Bahndamm und radeln immer geradeaus auf der „Rommerskirchener Rundroute" (RRR) Richtung Rommerskirchen-Evinghoven.

An der ersten Kreuzung asphaltierter Feldwege verlassen wir die RRR rechts in Richtung Evinghoven und haben einen schönen Blick auf den rechts vor uns liegenden „Alshof". Am Wegende fahren wir links in die Ortschaft Evinghoven hinein. Der Radweg verläuft an der K 27 entgegen der Fahrtrichtung, wir müssen die Straße also zunächst nicht überqueren. Nach dem Ortseingang von Evinghoven sind wir jedoch gezwungen vom Radweg auf die Fahrbahn zu wechseln. Wir folgen nun der K 27 bis zur **Broichstraße**, in die wir rechts einbiegen. Dort überqueren wir zunächst den eingefassten Gillbach und halten uns weiter links auf der Broichstraße und gelangen dort auf eine kleine Höhe. Dort haben wir eine wunderschöne Aussicht auf Rommerskirchen-Evinghoven und das gesamte Gillbachtal.

Der Gillbach, im Volksmund auch oft die Gillbach genannt, fließt aus Hüchelhoven kommend, von Gill bis zum Haus Leusch durch die Gemeinde Rommerskirchen und mündet schließlich bei Neuss-Weckhoven in die Erft. Dieser so unbedeutend klein aussehende Bach ist Teil eines der ältesten Siedlungsgebiete im Rheinland und gab im Mittelalter einem ganzen Gau seinen Namen, dem Gilgau. Dieser Gilgau war eine ganze Zeit lang ebenso bedeutend wie sein Nachbar, der Kölngau. Dieses Gebiet, auch heute von seinen Bewohner noch stolz „op d´r Gilbach“ genannt, zeichnet sich durch sehr fruchtbare Böden, reiche Bodenschätze z. B. Braunkohle und vor allem durch landschaftliche Schönheit aus.

An der ersten Möglichkeit des nun etwas schlechter werdenden Feldweges fahren wir links und folgen diesem Weg an einem neuen Aussiedler Hof (linke Hand) und dem alten Hof „Alt Ikoven“ (rechte Hand) vorbei, zurück zur K 27. Es geht rechts weiter auf der K 27 Richtung Widdeshoven. An den Gewächshäusern vor der Ortschaft Widdeshoven müssen wir uns vorsichtig auf die K 27 begeben und ihr ein Stück weit folgen. Wir überqueren wiederum den Gillbach und radeln weiter in Richtung Rommerskirchen-Ramrath. Entlang schöner Fachwerkhäuser fahren wir dann rechts an der „Sankt Ludgerus Kapelle“ in die **Rathaus Straße** in Richtung des Silos der Hoeninger Mühle. Am Friedhof biegen wir links ab und radeln durch ein kleines Wäldchen wieder zurück auf die K 27. Dieser folgen wir rechts Richtung Ramrath/Villau, biegen dann rechts in die Straße **Zur Heide** ein und radeln weiter bis zu den Gewächshäusern. Gegenüber der Gärtnerei biegen wir links ab und fahren bis zum Wegkreuz „An der Lind“. Dort geht es dann links weiter bis in die Ortschaft Villau hinein. Hier fahren wir

kurz rechts, um dann links in die **Hellenbergstraße** einzubiegen, danach direkt die erste Möglichkeit wieder links, weiter entlang des schönen Gillbachs. Wir radeln rechts an einem Spielplatz vorbei bis in die

Stimmungsvolles Landleben

Blick auf das Kraftwerk Neurath

Kölner Straße und folgen dann rechts der Ausschilderung der Niederrhein-Route. Dort erstreckt sich ein weiter Blick in die freie Landschaft, den wir dann ruhig ein paar Minuten genießen sollten.

Unsere Tour geht nun weiter und wir folgen dem gut ausgebauten Feldweg immer geradeaus. Am Horizont sehen wir bei guter Sicht die Kraftwerke Bergheim – Niederaußem, Grevenbroich – Neurath und Grevenbroich-Frimmersdorf (von links nach rechts). Sie befinden sich direkt hinter dem Tagebau Garzweiler.

Weiter geht es über die L 69 entlang der Rückseite des Dorfes Widdeshoven. Links neben dem Weg befindet sich der Köttelbach, ein altes Bachsystem, welches unter Landschaftsschutz steht. Wir radeln weiter geradeaus bis in die Ortschaft Oekoven. Dort geht es schräg rechts weiter in die **Antonius Straße**, der Beschilderung der Niederrhein-Route folgend bis zum Kreisverkehr. Hier fahren wir an der dritten Ausfahrt rechts ab, auf der **Römerstraße** in den alten Ortskern von Oekoven hinein. Der idyllische Platz an der Kirche St. Brictius, einer romanischen Pfeilerbasilika aus Tuffstein, lädt zum Verweilen ein und die Gaststätte „Zum Alten Posthorn" hält sicherlich Erfrischungen für müde Radler bereit. Nach der kleinen Rast fahren wir weiter auf dem Radweg parallel zur K 26 und biegen dann rechts in den **Oekovener Weg** in Richtung Rommerskirchen ein. Die lange Baumreihe am Horizont ist der „alte Strategische Bahndamm", der das Gemeindegebiet Rommerskirchen durchkreuzt. Haben sie Lust auf diesen alten Spuren zu fahren, dann empfehle ich Ihnen die Tour 4. An dem Hochspannungsmast (die Niederrhein-Route führt weiter geradeaus!) fahren wir rechts auf die RRR in Richtung des heutigen Bahndamms. Es geht über die Eisenbahnstrecke immer geradeaus. Wir verlassen kurz vor der Ortschaft Sinsteden die RRR und kommen nun in die Ortschaft Sinsteden hinein, vorbei an einem Wegkreuz und dem links voraus liegendem Kreiskulturzentrum Sinsteden mit dem Kreislandwirtschaftsmuseum und den Skulpturenhallen Ulrich Rückriem.

Unter Kennern gelten die ***Skulpturenhallen*** *in Sinsteden als eine der ersten Adressen für Steinskulpturen der Moderne. Hier stellt der aus dem Kreisgebiet stammende und international bekannte Künstler Ulrich Rückriem in zwei Ausstellungshallen mit einer Grundfläche von 600 und 1.400 Quadratmeter rund 100 seiner Steinskulpturen aus.*

Wer keine Lust auf Kunst verspürt, dem sei das 1995 eröffnete Kreislandwirtschaftsmuseum empfohlen, das großen und kleinen Besuchern die Geschichte der heimischen Landwirtschaft näher bringt. Mit mehreren festen Sammlungen über das traditionelle bäuerlich ländliche Leben, Wechselausstellungen zum Thema Landwirtschaft und Großveranstaltungen wie dem jährlichen Erntedankfest lockt es ganzjährig Tausende Besucher an. Besonders zu empfehlen ist die im Stil des 19. Jahrhunderts eingerichtete Cafeteria des Museums „Em Stüffje", die u.a. selbstgebackene Kuchen nach alten Rezepten anbietet.

Wir fahren geradeaus weiter über die B 59 in Richtung **Alte Dorfstraße**, vorbei an alten Hofgebäuden und einem Mahnmal für gefallene Soldaten und radeln dann auf der Alten Dorfstraße weiter. Diese wird im weiteren Verlauf zu einem Feldweg, der Richtung Rommerskirchen-Vanikum führt.

Hier „genießen" wir den eindrucksvolle Ausblick auf die Kraftwerke in Niederaußem, Neurath und hinter der Vollrather Höhe, die Rauch-

Von weitem winkt die Kultur – das Kreiskulturzentrum in Sinsteden

Ein letzter Blick auf das Gillbachtal

schwaden des Kraftwerkes Frimmersdorf (von links nach rechts). In Vanikum fahren wir im Kreisverkehr an der dritten Ausfahrt links ab und folgen der Ausschilderung für die „Kaiserroute". An der erste Möglichkeit biegen wir links in die **Conengasse** ein. Nach der Häuserzeile auf der rechten Seite geht es dann der Ausschilderung für die Niederrhein-Route und der Kaiserroute folgend rechts ab. Unsere Tour führt uns nun weiter direkt in Richtung Rommerskirchen, über die L 375 der Beschilderung in Richtung **Kirchstraße** folgend. Wir passieren den alten Ortskern der Gemeinde Rommerskirchen und den wiederhergerichteten Marktplatz. Wer möchte, kann sich hier auf dem Informationsschild „Radwandern im Rhein-Kreis Neuss" zusätzlich über die Routen in Rommerskirchen informieren. Weiter geht es geradeaus, an der Kirche St. Peter und Paul vorbei. Die Kirche geht auf das 7. Jahrhundert zurück, der Turm ist etwas jünger, er stammt aus dem 12. Jahrhundert. Wir radeln links in die Giller Straße, der Wegbeschilderung Richtung Dormagen über die B 59 folgend, in den **Nettesheimer Weg** hinein. An der Grundschule, treffen wir wieder auf die RRR und haben nun das Schlussstück unserer Tour durch das Gillbachtal erreicht.

Auf dem Wirtschaftsweg geht es unter der Bahnlinie hindurch und am Kreuzfelderhof vorbei. Die nächste Möglichkeit direkt rechts, und wir kommen wieder am Hermeshof vorbei, zurück zum Bahnhof Rommerskirchen.

Gohr
Ramrath
Ueckinghoven
Barrenstein
Evinghoven
Gillbach
Deelen
Oekoven
Allrath
Anstel
B59
Nettesheim
Kreis-
kulturzentrum
Sinctoden
B477
Start/Ziel
Eckum
Rommerskirchen
Vanikum
0
1 km
www.KARTENGRAFIK.de
B59

Tour 4: Entlang des Bahndamms

Start: **Bahnhof Grevenbroich**
Ziel: **Bahnhof Rommerskirchen**
Länge der Tour: **25 km**
Schwierigkeitsgrad: **leicht/mittel, da häufiges Auf- und Absteigen auf dem Bahndamm vonnöten ist**
Wegebeschaffenheit: **asphaltierte Wege, teilweise schmale Waldwege. Die Auf-/ Abfahrten am Bahndamm sind mit Anhängern recht beschwerlich.**
Hinweis: **Je nach Jahreszeit kann sich der Waldweg durch die Vegetation sehr verengen. Wer empfindlich oder allergisch auf Brennnesseln oder andere Wildkräuter reagiert, sollte diese Route daher im Sommer nur mit Beinschutz fahren!**
Anreise: **mit den Linien RB 38, RB 27, RE 13 und RE 8. Die letzten drei Verbindungen halten auch am Bahnhof Rommerskirchen.**
Parkmöglichkeit: **am Bahnhof Grevenbroich steht ein kostenfreies Parkhaus zur Verfügung.**
Sehenswürdigkeiten: **Museum Insel Hombroich, Strategischer Bahndamm**

Auf der Suche nach der Wilden 13

Diese Tour führt uns auf den Strategischen Bahndamm entlang durch Wald und Wiesen, vorbei an der Museums-Insel Hombroich. Vom Bahndamm aus haben Sie außergewöhnliche Einblicke in die umliegende Landschaft – und wer kann schon erzählen, dass er eine Radtour auf Bahnanlagen gemacht hat?

Vom Bahnhof Grevenbroich geht es zunächst immer entlang der links von uns liegenden Bahngleise, links auf die **Von-Goldammer-Straße** Richtung Grevenbroich-Noithausen. An der beampelten Kreuzung überqueren wir die K 22 und fahren auf der anderen Seite rechts weiter in Richtung Grevenbroich-Noithausen.

An der folgenden Kreuzung der K 22 mit der K 10, fahren wir auf die andere Straßenseite und dann sofort wieder rechts entlang des Zaunes. Nachdem wir den Zaun passiert haben, fahren wir am Schild „Landschaftsschutzgebiet" direkt links in Richtung Kläranlage Grevenbroich-Noithausen. Der Weg führt uns an Pappelreihen vorbei direkt in den Wald hinein

Wir gelangen an die L 142. Um deren sichere Überquerung zu gewährleisten, fahren wir kurz rechts bis zum Vorfahrt-achten-Zeichen, über-

Die Erft am Bahndamm bei Hombroich

Ein markantes Zeichen auf der Tour – die Raketenstation der Museums-Insel Hombroich

queren die L 142 und fahren sofort wieder links auf den Radweg entlang der L 142. Wir sehen dann auch sogleich den Gleiskörper der Bahnverbindung Grevenbroich-Neuss. Vor dem beschrankten Bahnübergang biegen wir rechts in die **Friedrichstraße** ein. In der Ortschaft Kapellen biegen wir links in die Straße **Auf dem Mergendahl** und fahren auf dem Radweg entlang der Straße, wir überqueren hier die Schienen und fahren direkt rechts Richtung Bahnhof Kapellen weiter. Am Bahnhof kreuzen wir die **Talstraße** und radeln links und dann sofort wieder rechts in die **Industriestraße** hinein, immer geradeaus bis zum Wendehammer. Dort fahren wir schräg rechts auf dem Grünen Feldweg entlang der Gleiskörper. Vorsicht, hier ist eine kleine Bodenschwelle! Die Gebäude auf der anderen Seite der Gleise gehören zu den alten Kasernen der Natoeinheiten, sie werden jetzt als Übergangswohnheim friedlich genutzt. An der ersten Möglichkeit fahren wir links. Am Horizont sehen wir nun rechts die zur Museums-Insel Hombroich gehörende Raketenstation und links davon die Silhouette der „Allrounder Winterworld Skihalle“ in Neuss. An der nächsten Kreuzung müssen wir rechts abbiegen. Links sehen wir wieder alte Bunkergebäude der Natoeinheiten. Wir fahren nun Richtung Raketenstation der Museums-Insel Hombroich und haben rechte Hand einen herrlichen Einblick in das Erfttal. An der Raketenstation Hombroich folgen wir der Ausschilderung für den Euroga-Radweg und radeln an der 14 m hohe Skulptur von Eduardo Chillida vorbei rechts in Richtung Museum Insel Hombroich. Unser Weg führt uns weiter in Richtung Berger-Hof. Hier müssen wir einen beschrankten Bahnübergang überqueren, der auf Anforderung geöffnet wird. Bitte drücken Sie dazu den Hebel am Schaltkasten. Am Berger-Hof kreuzen wir die L 201 und fahren links wieder in Richtung Museum Insel Hombroich. Nach rund 100 m geht es dann rechts Richtung Neuss-Helpenstein vorbei an dem Haupteingang zum Museum.

Die Museums-Insel Hombroich bietet „Kunst parallel zu Natur“. In einer über 20 Hektar großen Erftaue wird dieser Satz Cézannes erlebbar. Auf Wiesen, Feuchtflächen und kleinen Wäldern sind Architektur-skulpturen von Erwin Heerich angeordnet, in denen Zeitgenössische Kunst präsentiert wird. Werke von Cézanne, Rembrandt, Klimt, Arp, Graupner, Fautrier, Calder, Matisse, Tadeusz, Giacometti, Schwitters und Picabia sind direkt neben alter Khmer-Kunst sowie persischen und chinesischen Skulpturen zu finden. Eine Wanderung zwischen den Gebäuden ist ein einzigartiges Erlebnis der Annäherung von Kunst und Natur.

Wer die Museums-Insel nicht besuchen möchte, bleibt auf der Straße und wir gelangen an die neue Brücke über die Erft. Hier beginnt die Fahrt über den Strategischen Bahndamm Richtung Rommerskirchen.

Hier geht es zum Museum

Genießen wir noch den idyllischen Blick auf den Ort Neuss-Helpenstein über die Erft hinweg.

Bei dem ***Strategischen Bahndamm*** *handelt es sich um ein ehrgeiziges militärisches Projekt aus dem Anfang des letzten Jahrhunderts. Die*

Das Schild weist uns den Weg zum Bahndamm

Erfahrungen aus dem Amerikanischen Bürgerkrieg und dem Deutsch-Französischen Krieg 1870/71 führten dazu, dass sich die deutschen Militärs um die Nachschubverbindungen zu einer potentiellen Westfront sorgten. Preußische Militärs entwickelten den Plan, das Ruhrgebiet mit dem Lothringischen Industrierevier auf möglichst direktem Wege zu verbinden. Der geplante Streckenverlauf führte so – an Köln vorbei – von Neuss über Rommerskirchen bis Dernau an der Ahr. Doch es kam anders als man plante. Mit der Niederlage Deutschlands im Ersten Weltkrieg 1918 und dem Versailler Vertrag 1919 wurden die Arbeiten aus militär- wie auch aus wirtschaftsstrategischen Gründen von den Siegermächten verboten. Heute ist der „Strategische Bahndamm" eines der kuriosesten Grundstücke Deutschlands. Er ist ca. 12 km lang, durchschnittlich rund 30 m breit und „Wald" im Sinne des Gesetzes.

Auf dem Strategischen Bahndamm werden wir mehrere Kunstwerke von Prof. Ulrich Rückriem passieren. Eine sehenswerte Ausstellung seiner Kunstwerke finden wir im Kreiskulturzentrum Sindsteden (siehe Tour 3). Wir überqueren auf dem Bahndamm einige Wegeverbindungen zwischen den anliegenden Ortschaften, geschützt unter einem dichten Laubdach. Das erste Teilstück endet mit der Kreuzung der L 142 auf der Höhe Grevenbroich-Hülchrath. Auf den Anrampungen ist Vorsicht geboten. Besser Sie steigen ab, da hier auch landwirtschaftlicher Verkehr kreuzt. An der Straße angekommen, fahren wir schräg links und schieben unser Fahrrad über den etwas größeren Trampelpfad bis auf den Strategischen Bahndamm hinauf und setzen dann unsere Radtour Richtung Rommerskirchen fort. Der Weg auf dem Strategischen Bahndamm ist hier auf 2,50 m angelegt aber die Natur holt sich immer wieder größere Teile dieses Weges zurück. Dieses kurze zweite Teilstück endet an der Ortschaft Neukirchen. Wir fahren zunächst ein kurzes Stück auf dem Radweg Richtung Grevenbroich-Jägerhof zurück und queren dann, nachdem wir den Bahndamm gekreuzt haben, die Straße und fahren links auf den Wirtschaftsweg Richtung Bahndamm/Rommerskirchen. Unser Weg scheint nach kurzer Zeit aufzuhören, dort fahren wir links und sehen linker Hand den Sportplatz von Grevenbroich-Neukirchen. Wir bleiben auf dem Bahndamm und unterqueren eine Brücke. Der Weg wird nun zunächst immer schmaler, bleibt aber befahrbar. Vor der Unterquerung der Brücke Richtung Rommerskirchen-Ramrath ist rechter Hand der Modellflugplatz des „Modellflugclubs Apollo" zu sehen. Nach der Unterquerung dieser Brücke haben wir den unwirklichsten Teil unserer Tour geschafft. Es folgt die nächste Brücke die Dormagen-Gohr und Rommerskirchen-Ramrath verbindet. Wir unterqueren diese Brücke, Rommerskirchen-Hoeningen (rechte Hand) und

Das darf man auf keinen Fall verpassen

Dormagen-Gohr (linke Hand). Auf der rechten Seite des Bahndammes können wir schemenhaft die Hoeninger Mühle erkennen. Wir unterqueren die riesigen Stromleitungen, die rechte Hand von den Grevenbroicher Kraftwerken zum Umspannwerk Dormagen-Gohr führen. Wenn wir die Drängelgitter sehen, müssen wir unsere Fahrt drastisch verlangsamen. Wir können zwar an den Drängelgittern rechts vorbei fahren, überqueren aber die L 69.

Auf dem Bahndamm geht es schräg links weiter, an der Rückriem-Skulptur vorbei. An der Querung der Ortschaft Rommerskirchen-Anstel ist ebenfalls Vorsicht geboten. Man hört schon aus einiger Entfernung die Autos. Hier muss man absteigen und sein Fahrrad schieben. Auf der anderen Seite der K 27 geht es schräg links ein Stück am Gewerbegebiet Rommerskirchen-Anstel vorbei und danach wieder rechts auf den Bahndamm. Oben angekommen, fahren wir weiter auf dem Bahndamm Richtung Rommerskirchen. In Höhe der Ortschaften Nettesheim/Butzheim müssen wir erneut den Bahndamm kurz verlassen und auf der anderen Seite die Rampe wieder schräg links hoch fahren. Es folgt eine weitere Kreuzung und wir fahren wieder die Rampe hinunter und dann schräg links wieder hinauf auf den Bahndamm, wobei wir stets auf den querenden Verkehr achten. Nach einer kurzen letzten Etappe dürfen wir das Verkehrsschild „letzte Abfahrtmöglichkeit für Radfahrer" keinesfalls verpassen. (Wem der Ausflug auf dem Bahndamm noch nicht gereicht hat, kann weiter geradeaus fahren und sein Fahrrad dann per Hand die recht steile Treppe herunter befördern. Von diesem Weg geht es links herum weiter).

Hier geht es rechts ab und unten auf dem Wirtschaftsweg rechts weiter Richtung Rommerskirchen Bahnhof. Die nächste Möglichkeit fahren wir links, und der Weg führt uns über den Gillbach vorbei am Hermeshof in Richtung Rommerskirchen-Butzheim. Nun radeln wir rechts auf der Straße **Hermeshoven** über den Bahnübergang und erreichen danach rechts den Bahnhof Rommerskirchen.

Von hier aus fahren die RB 27 (Köln-Mönchengladbach), RE 13 und RE 8 (Köln-Venlo) zurück nach Grevenbroich.

Wer lieber direkt zum Bahnhof Grevenbroich zurückradeln möchte, fährt nicht links sondern folgt der Ausschilderung für die Kaiser-Route bis zum Kraftwerk in Grevenbroich-Frimmersdorf. An der Gustorfer Straße geht es dann rechts auf dem Erftradweg/Radverkehsnetz NRW bis zum Bahnhof Grevenbroich. Diese Rückfahrt ist rund 20 km lang.

4

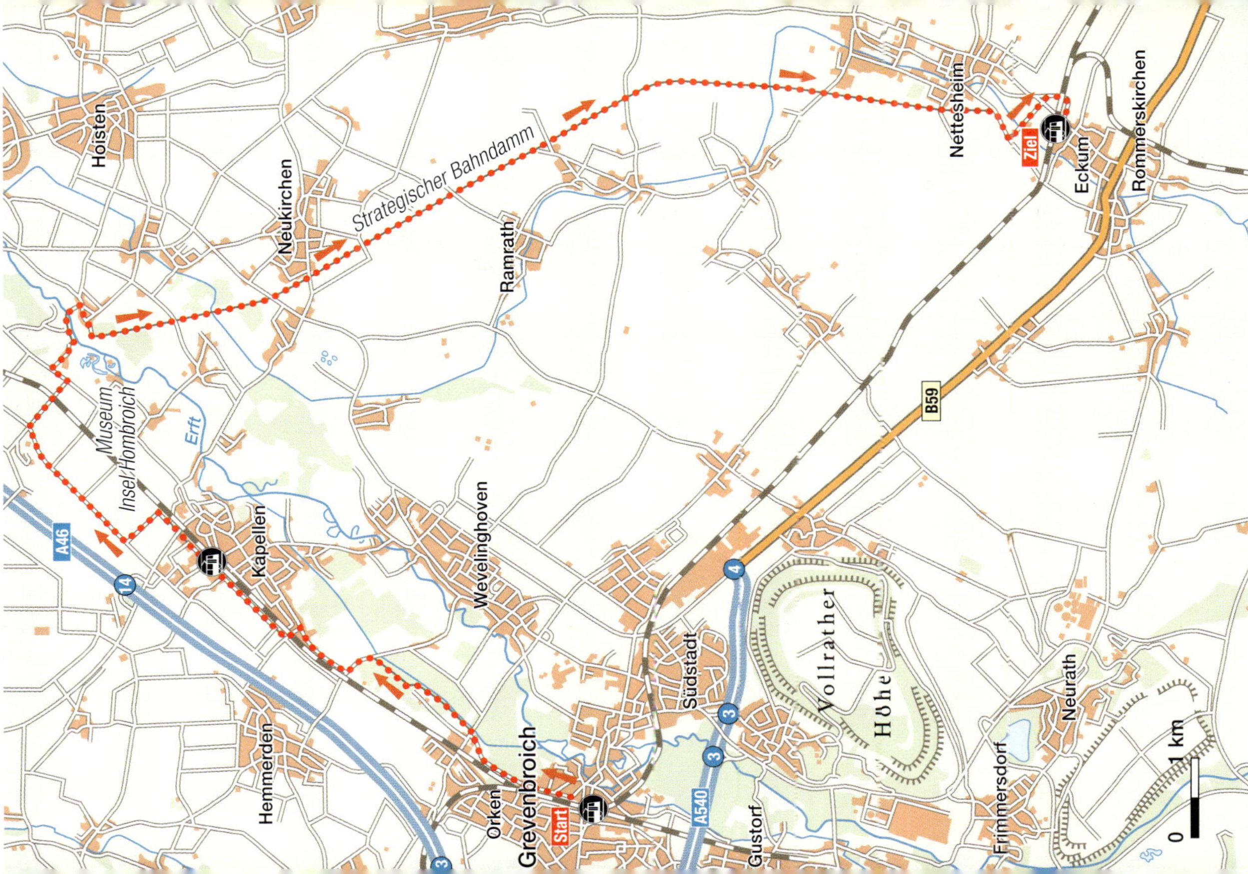

Hoisten
Neukirchen
Strategischer Bahndamm
Ramrath
Nettesheim
Ziel
Eckum
Rommerskirchen
Museum
Insel Hombroich
Erft
Kapellen
Wevelinghoven
B59
A46
14
4
Vollrather
Höhe
Südstadt
Neurath
Frimmersdorf
Hemmerden
Orken
Grevenbroich
Start
A540
3
Gustorf
0
1 km

Tour 5: Auf dem Erlebnisweg Rheinschiene

5

Start/ Ziel: **Hauptbahnhof Neuss**

Länge der Tour : **80 km (mit Abkürzungsmöglichkeiten über die Rheinbrücken)**

Schwierigkeitsgrad: **leicht**

Wegbeschaffenheit: **meist asphaltierte Deich- oder Radwege**

Anreise (per Bahn): **mit den Linien S 8, S 11, S 28, RE 4, RE 13, RE 7 oder RB 38**
Parkmöglichkeiten: **an der Salzstraße, direkt am Hauptbahnhof gelegen**

Sehenswürdigkeiten: **Langster Fährhaus, Flughafenbrücke, Düsseldorf Kaiserswerth, Messe Düsseldorf, Rheinpromenade Düsseldorf, Landtag NRW, Schloss Benrath, Urdenbacher Kämpe, mittelalterliche Stadt Zons, Zonser Grind, Obertor in Neuss, Clemens-Sels-Museum**

Von Kaiserswerth bis Zons

Der unmittelbar am Rhein verlaufende Erlebnisweg Rheinschiene bietet hervorragende Möglichkeiten, den Fluss vom Rad aus zu entdecken. Die am Rhein-Kreis Neuss entlangführende Tour ist als Rundtour insgesamt gut 80 km lang. Diese große Runde kann dank der vielen Brücken problemlos in drei ungefähr gleich lange kleine Runden unterteilt werden. Die Befahrbarkeit der Radstrecken und der Fährbetrieb sind abhängig vom Wasserstand des Rheines. Gegebenenfalls müssen die Touren geringfügig geändert und, anstatt der Fähren und schöneren Routen direkt am Rhein, Umleitungen genutzt werden.
Wir beginnen die Tour am Neusser Hauptbahnhof. Am Ausgang an der Radstation geht es zunächst links und dann wieder links entlang der **Gielen Straße**. Der Radweg verläuft in Fahrtrichtung auf der rechten Straßenseite. Wir fahren einen guten Kilometer entlang der Straße bis zum S-Bahnhaltepunkt Neuss Am Kaiser. Dann folgen wir der Beschilderung auf die **Heerdterbusch Straße**. Hier verlassen wir dann das Stadtgebiet von Neuss und kommen nach Düsseldorf Heerdt. Der Bauhof vom Wasser- und Schifffahrtsamt rechts sorgt für maritimes Flair. Auf Höhe des Kraftwerks Lausward auf der rechten Rheinseite kommen

Der Rhein ist unser ständiger Begleiter auf dieser Tour

wir wieder an den Rhein und können nun schon den Blick auf die Düsseldorfer Altstadt genießen, die vorn rechts im Rheinbogen liegt. Bei normalem Wasserstand fahren wir beim Kilometerstand 741 hinunter an den Rhein. An der **Rheinkniebrücke** besteht die Möglichkeit abzukürzen und zum Landtag/Fernsehturm auf der anderen Rheinseite hinüberzufahren. Wir bleiben aber bis zur Oberkasseler Brücke auf dieser Rheinseite.

Von der **Oberkasseler Brücke** aus fahren wir linksrheinisch in Richtung Norden. Auf Höhe des Flusskilometers 745 geht es dann an Düsseldorf Lörick vorbei hoch auf den Rheindamm. Wer hier schon verweilen möchte, der findet in Lörick ein Schwimmbad, eine Minigolfanlage und Cafés und Restaurants vor. Doch wir radeln erst einmal weiter, vor dem Strandbad Lörick links auf dem Rheindeich und auf dem Deichweg weiter rechts Richtung Norden. Die Ausschilderung für den Erlebnisweg Rheinschiene gibt uns den Weg vor. Wir fahren am Sitz des DLRG Landesverbandes NRW vorbei weiter geradeaus oben auf dem Rheindeich. Von hier oben haben wir einen herrlichen Blick in die Rheinauen, wo vom Trubel der Großstadt schon fast nichts mehr zu spüren ist. Es geht weiter auf dem Rheindamm, bald kann man die **Flughafenbrücke** sehen, die von Meerbusch zum Flughafen Düsseldorf/Messe führt (siehe Tour 12). Wir folgen dem Rheindeich immer weiter Richtung Flughafenbrücke. Von weitem kann man schon die Fahrradspindeln an der Flughafenbrücke erkennen; hier besteht die Möglichkeit die Strecke zu verkürzen und auf die andere Rheinseite zu gelangen. Ich empfehle aber die Weiterfahrt Richtung Meerbusch Lank-Kierst, um dort mit der Fähre nach Kaiserswerth überzusetzen.

Achtung: Bei Hochwasser stellt die Fähre ihren Betrieb ein!

An dem nächsten Schild für das Radverkehrsnetz NRW fahren wir zunächst links und direkt wieder rechts Richtung Langst-Kierst, zwischen Deich und der alten Ortschaft Langst-Kierst, Richtung Autofähre. Wir passieren den Gasthof „Kastanienhof" (mit Biergarten), der Samstags allerdings Ruhetag hat sowie das „Kaffeehaus Wellen", wo man auch Samstags ein Tässchen Kaffee genießen kann. An der folgenden kreuzenden Straße fahren wir rechts in Richtung **Fähre Langst-Kierst/Düsseldorf-Kaiserswerth** und schon wieder bieten sich hervorragende Einkehrmöglichkeiten an. Im „Langster Fährhaus" (mit Biergarten) sowie im „Rheinhotel Vier Jahreszeiten", können wir uns auf angenehmste Weise die Wartezeit auf die nächste Fähre verkürzen. Die Fähre wird vom Rheinfährbetrieb Schäfer GmbH betrieben und kann vorab unter der Nummer 02150/1002 oder 0173/9251772 (mobil) angefragt werden.

Nach der hoffentlich bekömmlichen Seefahrt über den Rhein folgen wir dem Erlebnisweg Rheinschiene Richtung Kaiserswerth.

*1929 wurde **Kaiserswerth** eingemeindet und ist seitdem der älteste Stadtteil Düsseldorfs mit einer großen Tradition. Es wird vermutet, dass sich hier im 7. Jahrhundert ein königlicher Hof befand. Die noch heute sichtbaren Überreste stammen von der 1180 durch Kaiser Friedrich I. Barbarossa errichteten Kaiserpfalz. Sie wurde 1702 im Spanischen Erbfolgekrieg durch englische Truppen zerstört. Heute laden die vielen historischen Bauten zum Verweilen ein.*

Hinter dem Gasthaus „Alte Rheinfähre“ führt uns der erste querende Feldweg rechts in Richtung Süden, Richtung Düsseldorfer Altstadt. An der **Flughafenbrücke** folgen wir dem Schild Richtung Stadtmitte/Golzheim auf dem Erlebnisweg Rheinschiene. Wir radeln immer weiter auf dem asphaltierten Radweg an der Messe Düsseldorf vorbei, weiter bis zur **Theodor-Heuss-Brücke**. Hier unterqueren wir die Brücke und fahren danach sofort rechts an das Rheinufer und direkt links am Wasser entlang Richtung Düsseldorf Stadtmitte weiter.

An der **Oberkassler Brücke** liegt links die Tonhalle Düsseldorf. Rechts können wir den schönen Blick auf die historischen Fassaden in Düsseldorf Oberkassel und rechts auf die neue Düsseldorfer Skyline mit dem Fernsehturm genießen. Über die Düsseldorfer Altstadt, der längsten Theke der Welt zu schreiben würde den Rahmen dieses Radwanderführers sprengen. Steigen Sie einfach ab und stürzen sich in das Getümmel! Wir radeln weiter geradeaus in Richtung Fernsehturm und Gehry-Bauten. Sie sind vom Amerikaner Frank O. Gehry entwickelt. Auffallend ist die hier in jedem Detail scheinbar vorherrschende Asymmetrie. Der Gebäudekomplex wirkt mehr als Skulptur denn als gewerblicher Zweckbau. Bei Flusskilometer 741 unter der **Rheinkniebrücke** passieren wir das Apollotheater. Weiter geht es geradeaus, dann links am Landtagsgebäude vorbei. Über die Einfahrt zum Düsseldorfer Hafen führt eine steile Brücke. Auf der Fahrbahn sind so genannten Drängelgitter installiert. Steigen Sie lieber ab, schieben das Rad und genießen in Ruhe den herrlichen Ausblick auf das Düsseldorfer Panorama. Wir fahren weiter, immer direkt am Wasser entlang und kommen zum Kraftwerk Lausward. Auf der anderen Rheinseite sehen wir die Hafeneinfahrt zum Neusser Hafen und links daneben, ungefähr bei Flusskilometer 739, das Naturschutzgebiet „Ölgangsinsel“. Wir radeln weiter und kommen nach Düsseldorf Hamm. Hier folgen wir der Ausschilderung für das Radverkehrsnetz NRW, an der Gabelung zunächst links, dann am Ende des Weges rechts durch die Ortschaft wieder an den Rhein zurück. Es geht unter der Südbrücke hindurch, immer geradeaus auf dem Volmerswerther Deich bis zu **Fleher Brücke** (hier kann die Rheinseite wieder bequem gewechselt werden).

Nach der Fleher Brücke fahren wir links entlang des Wasserwerks Düsseldorf bis zur Brücke der Stadtautobahn. Vor dieser Brücke geht es rechts auf den Erlebnisweg Rheinschiene weiter Richtung Himmelgeist. Vorsicht, die Ausschilderung ist hier schlecht lesbar!
Die Tour geht weiter in Richtung Himmelgeist auf der Himmelgeister Landstraße, die im späteren Verlauf Am Bärenkamp heißt. Wir passieren das Gasthaus „Haus Krevet“ mit einem schönen Biergarten. Danach biegen wir rechts auf die Wegeführung Erlebnisweg Rheinschiene ab.
Hinweis: Bei Hochwasser ist das Deichvorland nicht zu befahren. Wir fahren dann links in die Straße **Am Steinebrück** und danach rechts in die Straße **Am Broichgraben**. Nach der Kreuzung heißt die Straße **Am Trippelsberg**. Von da ab folgen wir wieder der Routenbeschreibung.
Geradeaus gelangen wir zum Fähranleger der Personenfähre nach Uedesheim die im Saisonbetrieb verkehrt (Tel: 02150/1002 und -6530). Wir passieren die Gaststätte „Zur Rheinfähre“ und biegen hier links in die **Nikolaus Straße** ein. Rechts führt uns der Weg durch eine Pappelallee in den Himmelgeister Bend, eine typische Flussauenlandschaft. Nun macht der Weg einen Linksknick und führt uns zurück in Richtung Himmelgeist. Wenn Sie einen der schönsten Blicke auf Dormagen-Stürzelberg bekommen wollen, fahren sie kurz rechts und setzen sich an den Rheinstrand, es lohnt sich wirklich! Wir radeln links weiter und können nun die Folgen des Hochwassers direkt erleben. Die asphaltierte Wegedecke ist hier teilweise weggeschwemmt und durch Schotter notdürftig geflickt worden, dieses Teilstück ist deshalb etwas beschwerlich zu befahren. Nun sind wir oben auf dem Rheindeich angekommen und fahren rechts auf der wassergebundenen Wegedecke weiter. Wir passieren einen Campingplatz und fahren zurück in Richtung Düsseldorf-Holthausen. Unsere Route geht rechts weiter in die Straße **Am Trippelsberg**. Wir müssen nun ein Stück durch den Reisholzer Hafen fahren. An der **Bonner Straße** radeln wir rechts auf den Radweg entlang der Bonner Straße Richtung Benrath. Bei Flusskilometer 722 haben wir einen schönen Ausblick auf den Campingplatz im Zonser Grind. In der Linkskurve fahren wir rechts an den Rhein entlang des Benrather Schlossufers vorbei am Restaurant „Altes Fischhaus“.

*Das **Schloss Benrath** gilt als eines der bedeutendsten Lustschlösser des Spätbarocks. Es wurde als Rokokoschloss des Kurfürsten Karl Theodor von der Pfalz, der gleichzeitig Herzog von Jülich-Berg war, 1755 bis 1773 von Nicolas de Pigage errichtet. Das Hauptgebäude und die zwei Kavaliersbauten verfügen über 50 Räume. Schloss Benrath gilt als Musterbeispiel raffinierter Raumaufteilung nach dem Vorbild franzö-*

sischen Maisons de plaisance. Der ausgedehnte Schlosspark war ein Standort der EUROGA 2002+ und ist sehr sehenswert.

An der nächsten Ampel fahren wir rechts in Richtung Autofähre Dormagen Zons, entlang der **Urdenbacher Dorfstraße** und kommen rechts auf der kleinen Straße in den Urdenbacher Bend. Dieser Bereich wechselte im Laufe der Jahrhunderte oftmals die Flussseite. So kam es, dass das heute rechtsrheinisch liegende „Haus Bürgel" früher zur Kirchengemeinde der Stadt Zons gehörte, somit also linksrheinisch lag.

Nun sind es nur noch wenige Meter bis zur **Fähre Urdenbach-Zons**. Genießen Sie die anstehende Überfahrt und gönnen Sie sich doch hinter den alten Mauern eine erholsame Pause.

Unsere Route setzt sich am Gasthaus „Zur Rheinfähre" fort. Dort müssen wir uns zunächst entscheiden, ob wir entlang des Weges „Rheinaue" nach Stürzelberg in den Grind (7,5 km) oder entlang des „Herrenweg" nach Stürzelberg hinter dem Deich (2,8 km) fahren. Die längere Tour führt über grüne Feldwege durch das reizvolle Naturschutzgebiet „Zonser Grind". Er ist bei gutem Wetter problemlos zu befahren es gibt nur wenige Stellen, an denen ungeübte Fahrer gegebenenfalls absteigen sollten und rund 30 m ihr Fahrrad schieben müssen. Sie werden auf jeden Fall mit einem tollen Naturerlebnis belohnt. In Zeiten von Hochwasser, oder wenn Sie es sehr eilig haben, ist der Weg über den Herren-

weg zu wählen. Er ist viel kürzer und führt ausnahmslos über asphaltierte Wege. Einfach an der nächsten querenden Straße rechts ab Richtung Dormagen-Stürzelberg fahren. Beide Wegvarianten treffen sich in Stürzelberg und werden von dort aus auch gemeinsam fortgeführt.

Am Gasthaus fahren wir an der Werft vorbei direkt in den Zonser Grind und nach wenigen Metern befinden wir uns mitten im **Naturschutzgebiet**.

Naturschutzgebiet Zonser Grind

Der Aalsckocker „Fiat Voluntas“ fristet heute ein trostloses Dasein

*Beim **Zonser Grind** handelt es sich um eine Überflutungsaue, ein periodisch vom Rheinhochwasser überfluteter Mäanderbogen. Links sehen wir Reste des Flügeldeiches, welcher ehemals den Hauptschutz gegen das Hochwasser darstellte. Genießen Sie die Ruhe und Beschaulichkeit. Darum ist es am Rhein so schön!*

Kurz vor dem Campingplatz Zonser Grind eröffnet sich links eine riesige Freifläche. Kaum vorzustellen, dass diese Landschaft regelmäßig komplett überflutet wird. Auf der gegenüberliegenden Rheinseite sehen wir Düsseldorf Benrath und den Kirchturm der Herz-Jesu-Kirche in Düsseldorf-Urdenbach. An dem ersten Wohnwagen folgen wir dem Schild für Radfahrer an der Gabelung links. Bei den Bauwerken, die schon vom Naturschutzgebiet aus sichtbar sind, handelt es sich um Brunnen der Niederrheinisch-Bergischen Gemeinschaftswasserwerke GmbH – ein Hauslieferant für die Landeshauptstadt Düsseldorf. Wir fahren immer weiter auf der Straße Richtung Stürzelberg bis hinauf zur Deichmauer und biegen dann rechts in die **Oberstraße** ein. Dort treffen sich beide Wegvarianten wieder. Wir folgen weiter dem Erlebnisweg Rheinschiene vorbei an dem Dorfplatz von Stürzelberg und dem schönen Biergarten des Gasthauses „Vater Rhein“. Am Kreisverkehr nehmen wir die dritte Ausfahrt und fahren in die **Feldstraße**, danach wieder rechts in die **Dehlrather Straße**. Es geht weiter geradeaus am EDEKA Aktivmarkt vorbei in Richtung B 9. Wir wechseln die Straßenseite und fahren entlang der **Düsseldorfer Straße (B 9)** Richtung Neuss Uedesheim, immer den Ausschilderungen für den Erlebnisweg Rheinschiene folgend.

Wir überqueren die Brücke über den Zufluss des Silbersees (linker Hand). Der Weg zum Silbersee wird durch einen hier untergegangen Aalschocker blockiert. Frischer Fisch aus dem Rhein war über Jahrhunderte im ganzen Rheinland begehrt. Der Ausbau des Rheins und die Industrialisierung verdrängten in den 1950er Jahren Fisch und Fischerei. Zuletzt wurde der Aalfang eingestellt. Der Aalschocker „Fiat Voluntas" fristet heute ein denkmalgeschützes Rentnerdasein im Neusser Sporthafen.

An dem nun folgenden Schild fahren wir rechts weiter Richtung Meerbusch/Uedesheim und kreuzen die **B 9**. Auf Grund der hohen Geschwindigkeit der querenden Fahrzeuge ist hier äußerste Vorsicht geboten! Auf der anderen Seite folgen wir weiter der Ausschilderung des Erlebnisweges Rheinschiene und der Euroga-Route, immer dem Rheindeich entlang bis zur Ortschaft Neuss/Uedesheim. An der ersten Ampel rechts fahren wir in die **Rheinfährstraße**. Der Weg führt uns nun weiter, links vorbei an dem Ausflugslokal „Rheinterrasse".

Hier bietet sich die Möglichkeit nach Düsseldorf-Himmelgeist mit der im Saisonbetrieb verkehrenden **Personenfähre** überzusetzen. Zur Planung Ihrer Tour können Sie vorab unter den Telefonnummern 02150/1002 und 02150/6530 Auskunft über den aktuellen Fahrplan erhalten.

Unsere Tour geht jedoch weiter über die **Deichstraße** bis uns der Weg links in den **Wahlscheider Weg** führt. Rechts erhalten wir den ersten Blick in das Naturschutzgebiet Uedesheimer Rheinbogen und auf die

Fleher Brücke. Wir fahren rechts in Richtung Düsseldorf Bilk entlang der **Macherscheider Straße**. Nun geht es direkt die erste Möglichkeit wieder rechts in Richtung Wasser-Übernahme-Station Neuss-Wahlscheid. Wir folgen weiter dem Erlebnisweg Rheinschiene und radeln am Gut „Alt Wahlscheid" vorbei weiter Richtung Neuss durch das Naturschutzgebiet Uedesheimer Rheinbogen. (Vor dem Gut „Alt Wahlscheid" besteht die Möglichkeit auf die Fleher Brücke zu fahren).

„Der Wächter“ von Anatol Herzfeld

Die Tour verläuft weiter in Richtung Neuss/Grimlinghausen, immer am Rhein entlang, mit dem Tuckern der Rheinschiffe in den Ohren. Wir fahren rechts entlang der neuen Deichmauer in Richtung Neuss Sporthafen. Weiter rechts, der Beschilderung für den Erlebnisweg Rheinschiene oder der Euroga-Route an der **Rheinuferstraße** folgend. Wir überqueren nun die Erft und haben auf der Brücke rechts einen schönen Blick zur Erftmündung. Nach der Erftüberquerung geht es direkt rechts weiter, dem Schild für den Erlebnisweg Rheinschiene folgend in Richtung Sporthafen. Ein kleiner Anstieg, danach links und schon tut sich rechts ein idyllischer Blick auf viele kleine Bötchen, so genannte „Wandervögel“ auf. Wir umkreisen den Sporthafen Neuss zur Hälfte und fahren dann links auf den Scheibendamm in Richtung Neuss. Rechter Hand sieht man durch die Bäume den neu angelegten Rheinpark Neuss. Die grünblauen Stelen stilisieren den geplanten Verlauf des Nordkanals (siehe Tour 11). Wir fahren immer geradeaus über den neuen Durchstich zum **Alexianer Platz**. Dort queren wir zunächst den Hammfelddamm und an der nächsten Ampel fahren wir links über die **Augustinus Straße** auf der Nordkanal Allee entlang des blauen Bandes. Nachdem wir die Ampel an der Brücke über den Nordkanal passiert haben, fahren wir schräg links, direkt vorbei am Rosengarten Biergarten „Rosewood“. Wir folgen der Ausschilderung links über die Brücke und danach wieder rechts in Richtung Obertor/Clemens-Sels-Museum durch den Neusser Stadtgarten. Wir passieren links den „Blutturm“, dem letzten Halbrundturm der mittelalterlichen Stadtmauer aus dem 13.-15. Jahrhundert, radeln weiter geradeaus über die Ampel, vorbei am „Kulturforum Alte Post“ und dem Hinweisschild auf den Rheinkilometer 737. Am neuen Kreisverkehr fahren wir geradeaus auf die **Adolf-Flecken-Straße**, an deren Ende geht es rechts zum Hauptbahnhof Neuss zurück.

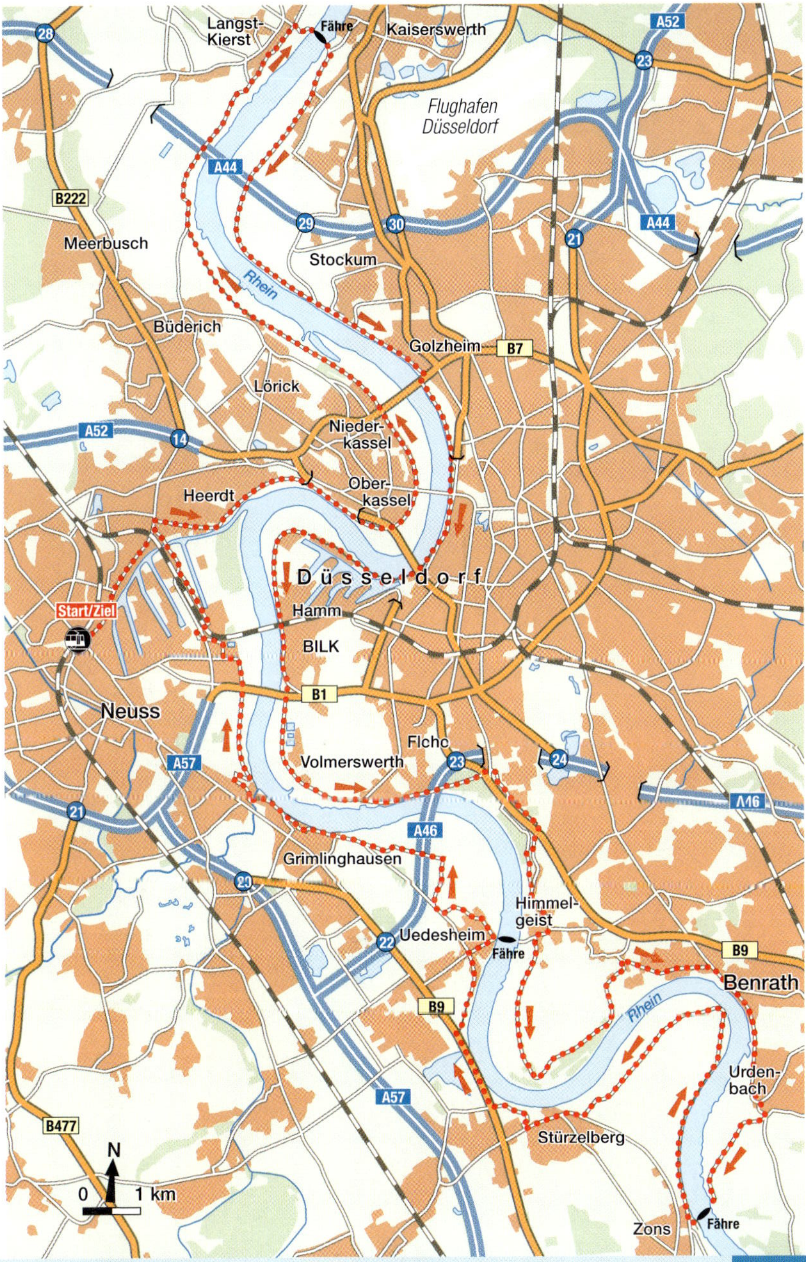
Langst-Kierst
Fähre
Kaiserswerth
Flughafen Düsseldorf
A52
23
28
A44
B222
29
30
21
Meerbusch
Stockum
Rhein
Büderich
Golzheim
B7
Lörick
Nieder-kassel
A52
14
Ober-kassel
Heerdt
Düsseldorf
Start/Ziel
Hamm
BILK
B1
Neuss
Flehe
23
24
A46
A57
Volmerswerth
21
A46
Grimlinghausen
20
Himmel-geist
Uedesheim
22
Fähre
B9
B9
Benrath
Rhein
Urden-bach
A57
Stürzelberg
B477
N
0
1 km
Zons
Fähre

Tour 6: Kraftvoll Radeln

6

Start/Ziel: Bahnhof Grevenbroich

Länge der Tour: 38 km

Schwierigkeitsgrad: mittelschwer: Es sind einige, meist kurze Steigungen zu meistern. Der längste Anstieg auf die Vollrather Höhe kann umfahren werden.

Wegbeschaffenheit: gut befahrbare Feldwege

Anreise (per Bahn): mit den Linien RB 38, RB 27, RE 13 oder RE 8

Parkmöglichkeiten: es stehen genügend Parkplätze auf dem P+R-Platz zur Verfügung

Sehenswürdigkeiten: Museum im Stadtpark, Altes Schloss, (Wasser-)Mühle Kamper, Windparks, Braunkohlekraftwerke, Photovoltaikanlage, Braunkohletagebau

Rund um Grevenbroich auf dem Energiepfad

Diese Tour führt auf rund 38 km auf gut befahrbaren Wegen und ist mit einigen Infotafeln zum Thema „Energie" ausgestattet. Der Energiepfad führt über die Vollrather Höhe. Dies ist ein Anstieg von 1,6 km Länge auf knapp 180 m über NN. Wer diese Strapazen umgehen will, kann eine hier beschriebene Alternativroute fahren.

__Energiegewinnung__ und deren Nutzung prägen seit jeher das Erscheinungsbild der Stadt Grevenbroich. Angefangen hat es mit der Nutzung der hier in großem Maße zur Verfügung stehenden Wasserenergie. Die sich noch an der Erft befindenden Mühlen sind ein Zeugnis dieser Wirtschaftsform. Heute wird die Energieerzeugung in der Stadt Grevenbroich von einem anderen Energieträger geprägt, der Braunkohle. Seit Mitte des 19. Jahrshunderts wird die Braunkohle hier im Revier abgebaut und in den großen Kraftwerken Frimmersdorf und Neurath verstromt. Die Generatorenleistung der Kraftwerke beträgt insgesamt 4500 Megawatt. Parallel dazu werden alternative Energien getestet und angesiedelt. Auf der Vollrather Höhe entstand ein Windpark mit rund 1500 Kilowattstunden Jahresleistung. Sonnenenergie wird in der Photovoltaikanlage in Neurath genutzt. Mit der hier produzierten Jah-

Im Braunkohlewäldchen kann man die Braunkohle im Urzustand betrachten

Hier wird viel „heiße Luft" produziert

resstromleistung von ca. 270 000 Kilowattstunden können 70 Haushalte versorgt werden.

Wenn wir aus dem Bahnhof kommen fahren wir links in die **Von-Goldammer-Straße** und sehen auf der linken Straßenseite das erste Schild mit gelben Kreuz des Euroga-Radwegs. Nun geht es rechts in die **Feilenhauer Straße** hinein, immer dem gelben Kreuz folgend geradeaus zur Erftbrücke. Vor uns liegt die Apfelwiese der Landesgartenschau von 1995, die wir nach der zweiten Brücke rechts Richtung Zentrum umfahren. An dem nun folgenden Braunkohlewäldchen lohnt es sich abzusteigen und eine kleine Expedition zu starten.

*Im **Braunkohlewäldchen** wurde ein Stück Urwald mit der an der Bildung der Braunkohle beteiligten subtropischen und tropischen Pflanzen nachgebildet, so z.B. mit dem Ginkobaum, der Sumpfzypresse, dem Tulpenbaum, die Flügelnuss und dem Amberbaum. Sie alle wurden durch die Eiszeit aus unserer Gegend verdrängt und sind heute u.a. in Florida und Ostasien beheimatet. Diese Pflanzen wachsen nun hier, nahe der Erft, in einer nachempfundenen Sumpflandschaft. Ein herrlicher Spaziergang durch den subtropischen Wald erwartet Sie.*

Es geht weiter entlang der Erft zum Museum im Stadtpark, einem Völkerkundemuseum mit wechselnden Sonderausstellungen. Hier biegen wir links ab und gelangen zur Erftpromenade und radeln immer geradeaus weiter, bis wir rechts über die **Eulenturmbrücke** und dann links entlang der Erft weiterfahren. Die alte Feuerwache lassen wir rechts liegen und sehen auf der gegenüberliegenden Seite der Erft die Kamper Mühle.

*Wegen ihrer Lage zur Grevenbroicher Altstadt und dem Alten Schloss wird die **Kamper Mühle** auch Schloss Mühle genannt. Ihre Ursprünge gehen auf die Zeit der Stadtgründung Ende des 13. Jahrhunderts zurück. Die Kamper Mühle ist eine Getreidemühle, der früher auch eine Ölmühle angeschlossen war. Die Ölgasse in Grevenbroich erinnert daran. Als das Petroleum vor der Jahrhundertwende das pflanzliche Öl als Brennstoff verdrängte, verlor die Ölmühle jedoch an Bedeutung. Insgesamt findet man im Grevenbroicher Stadtgebiet fünf Wassermühlen, von denen neben der Schlossmühle noch die Mühle Kottmann in Wevelinghoven aktiv ist.*

Wir fahren weiter geradeaus vorbei an dem **Alten Schloss**, einem spätgotischen Palastbau der ehemaligen Jülicher Landesburg aus dem 15. Jahrhundert. Seit 1425 wurde hier mehrfach der Jülicher Landtag abgehalten. Wir fahren zwischen dem Schloss und dem Erftstadion weiter. Vor dem Tennisplatz biegen wir links ab und radeln über die Bendbrücke in Richtung Neuenhausener Bend. Es geht rechts weiter entlang der Erft Richtung Süden. An der nächsten Wegegabelung bleiben wir rechts – möglichst nahe an der Erft. Wir unterqueren die A 540 und fahren nun entlang des Alten Grabens und folgen weiter dem roten Pfeil für das Radverkehrsnetz NRW. An der nächsten Wegegabelung fahren wir rechts über die Erftbrücke und sofort wieder links entlang

Die Kampers Mühle

der Erft. Durch die Bäume hindurch kann man schon das Kraftwerk Grevenbroich- Frimmersdorf erkennen. Wir folgen weiter dem gelben Kreuz für den Energiepfad. An dem nächsten Schild fahren wir links entlang großer metallener Rohre. Hier wird Fernwärme aus dem Kraftwerk Grevenbroich-Frimmersdorf zur naheliegenden Bebauung transportiert. Wir folgen dem Wegeverlauf nach links, welcher direkt auf das Kraftwerk Grevenbroich-Frimmersdorf führt. Wir kommen hier noch einmal an einer alten Mühle, der Gustdorfer Mühle vorbei.

*Die Wehranlage staut hier das Wasser der Erft, um die seit Mitte des 19. Jahrhunderts fahrenden drei Wasserräder anzutreiben, die wiederum die Gustorfer Wassermühle bis etwa 1913 in Bewegung setzten. Schon 1386 wurde die **Gustdorfer Mühle** erstmals als eine „Erzbischöfliche Zwangsmühle" mit dem Bann-Bezirk – der Bezirk dessen Bauern diese Mühle beliefern mussten – Gustdorf, Gindorf und Frimmersdorf erwähnt.*

Hier besteht eine Möglichkeit, die Tour abzukürzen. Wer nur den nördlichen Teil der Gesamtstrecke fahren möchte, fährt hier an dem Radweg der L 361 rechts, der Ausschilderung für den Energiepfad folgend, bis zur Bahnlinie und danach wieder rechts. Man befindet sich dann automatisch auf dem nördlichen Abschnitt des Energiepfades.

Am „Café zur Mühlenstube" an dem gegenübliegenden **Langer Weg** besteht im Übrigen eine sehr schöne Möglichkeit sich zu erfrischen und von dem aufmerksamen Personal gegebenenfalls technische Hilfestellungen für das Fahrrad zu bekommen. Wir überqueren die L 360 und fahren links weiter Richtung Vollrather Höhe. Wir kommen hier am Kleinfelder Hof an der L 361 vorbei. Es geht kurz rechts und dann links über die **L 361**. Es handelt sich hier um einen sehr eigenwilligen Übergang ohne Beschilderung für den Radfahrer. Ich empfehle daher abzusteigen und das Fahrrad über die Straße zu schieben. Wir fahren vorbei am „Kleinfelder Hof" auf den Welchenberg. Oben angekommen, geht die Ausschilderung für den Energiepfad weiter rechts auf die Vollrather Höhe. Die Vollrather Höhe ist sozusagen die Bergwertung dieser Tour. Bergspezialisten fahren hier rechts auf die Vollrather Höhe und folgen immer der Ausschilderung für den Energiepfad. Bei der Abfahrt nehmen sie die erste Abzweigung rechts und fahren dann direkt auf das Kraftwerk Neurath zu. Beide Gruppen treffen sich dann an der Abzweigung in Richtung des Ortsteils Neurath wieder.

Wem der Anstieg zum Welchenberg schon reichte fährt weiter geradeaus auf der **Willibordusstraße** bis es rechts in die **Königslinder Straße** und danach wieder links in den **Vollrather Weg** geht. Am Schützenplatz fahren wir rechts in die **Tannenstraße**. Wir umqueren so die Vollrather Höhe und fahren direkt an einem wichtigen Endabnehmer des in Grevenbroich erzeugten Stroms, der Hydro Aluminium Gruppe, vorbei. Wir kommen nach Grevenbroich-Allrath. Am Ortseingang fahren wir direkt rechts in die **Bongarder Straße**, kreuzen die K 13 und fahren links weiter auf der **Bongarder Straße**. An der folgenden Wegegabelung geht es rechts ins Feld hinein, am nächsten Abzweig fahren wir sofort wieder rechts, entlang der Baumreihe mit Ausblick links auf die Braunkohlenkraftwerke Niederaußem, Grevenbroich Neurath und rechts dem Windpark auf der Vollrather Höhe. Es geht weiter auf dem **Krahwinkelsweg** in Richtung „Gut Krahwinkel". An der ersten Wegegabelung – mit dem Kirschbaum – hinter Gut Krahwinkel fahren wir links direkt auf das Kraftwerk Grevenbroich-Neurath zu. An der folgenden Kreuzung biegen wir rechts auf die Kaiserroute in Richtung Grevenbroich – Neurath ab. Wir befinden uns hier im „energetischen Zentrum Nordrhein-Westfalens", denn dieses Braunkohlerevier mit den Standorten Frimmersdorf, Neurath, Niederaußem, Knapsack und Weisweiler liefert mit 11.000 Megawatt installierter Leistung rund 70 Milliarden Kilowattstunden Strom, etwa der Hälfte des in NRW verbrauchten Stroms.

Wir fahren jetzt direkt in Richtung des Kraftwerks Grevenbroich-Frimmersdorf und überqueren an der nächsten Wegekreuzung die K 13. Hier ist Vorsicht geboten! An der folgenden Kreuzung besteht die Möglichkeit die „Bergspezialisten" von der Vollrather Höhe wieder aufzusammeln. Lassen Sie sich bei einem schönen Blick auf die Vollrather Höhe erzählen, was es dort oben zu sehen gibt. Unsere Tour geht nun links weiter in Richtung Grevenbroich Neurath. Wir überqueren hier zunächst die L 375 und fahren auf dem Radweg weiter Richtung Grevenbroich – Frimmersdorf. An der nächsten Straßeneinmündung gibt

Das Windtestfeld auf der Frimmersdorfer Höhe

es wieder Interessantes zu sehen, die Fotovoltaikanlage der RWE Energie Aktiengesellschaft. Steigen Sie ruhig ab und begeben sich zu dem Aussichtspunkt. Sie werden belohnt mit einem beeindruckenden Ausblick auf alternative Methoden zur Energiegewinnung. Weiter geht es auf der L 375, die wir jedoch nach der folgenden Brücke links herunter verlassen. Wir müssen zunächst durch die Drängelgitter hindurch, am zweiten Drängelgitter fahren wir rechts entlang der K 39. Von hier aus können wir schon unser nächstes Ziel erblicken – das Windtestfeld auf der Frimmersdorfer Höhe. Wir überqueren die K 39 links und fahren Richtung Grevenbroich Neurath auf der **Frimmersdorfer Straße**. Diese verlassen wir rechts und radeln in Richtung Einkaufszentrum und hinauf auf die Frimmersdorfer Höhe. Dieser Anstieg ist bei weitem nicht so giftig wie der auf die Vollrather Höhe, ein Umweg wird daher nicht empfohlen. An der ersten Wegebiegung rechts sieht man schon den höchsten Punkt des Hauptweges. Hier empfehle ich links auf das Windtestfeld zu fahren. Dort können Sie sich anhand von Schautafeln über die Windenergie informieren oder aber weiter geradeaus, den herrlichen Einblick in die ehemaligen Braunkohlentagebaue Garzweiler I und Fortuna genießen. Egal, wir man zu dieser Art der Energiegewinnung stehen mag, es ist auf jeden Fall sehr eindrucksvoll aus nächster Nähe zu erleben, wie die Landschaft zur Energiegewinnung genutzt und danach auch wieder „hergestellt“ wird. Von unserem Aussichtspunkt aus, sehen wir (bei guter Sicht) geradeaus die „Sophienhöhe“ vom Tagbau Hambach, davor die „Königshovener Mulde“ vom Tagbau Garzweiler I und linker Hand das rekultivierte Gebiet des „Tagbaus Fortuna“, in dem sich jetzt ein Golfclub angesiedelt hat. Ganz rechts kann man meist Bagger und Absetzer des Tagbaus Garzweiler II erkennen. Nach diesen interessanten Einblicken in das „Energieland Rheinland“ fahren wir zurück auf den Hauptweg des Energiepfades und radeln dort links weiter. Nach einer herrlichen Abfahrt kommen wir direkt an den Ortseingang von Grevenbroich-Frimmersdorf. Hier kreuzen wir erneut die K 39 und fahren auf der **Hansend Straße** hinein in die Ortschaft. Wir passieren die Kirche St. Martin und folgen der Ausschilderung für den Energiepfad in die **Franken Straße**, fahren dann links in die **Erftstraße** bis es vor der Brücke rechts in die **Gustorfer Straße** geht. Wir radeln nun geradeaus auf das Kraftwerk Grevenbroich Frimmersdorf zu, weiter geradeaus, unter den Braunkohletransportbändern hindurch. Mit Hilfe dieser Braunkohletransportbänder wird die im Tagbau gewonnene Braunkohle direkt zu den Kohlebunkern der Kraftwerke transportiert. Es geht weiter rechts durch den Tunnel der Braunkohlebahn. Wir überqueren nun die Erft, fahren rechts weiter und gelangen auf den **Langer Weg**. Hier geht es wieder rechts weiter, vorbei am „Café zur Mühlen-

Braunkohle-absetzer im Tagebau Garzweiler II

stube", das, wie bereits erwähnt, eine hervorragende Anlaufstation für Radfahrer ist. Gönnen Sie sich hier ruhig ein Päuschen.

Am Stoppschild haben wir den Südteil des Energiepfades geschafft und fahren nun weiter in den Nordteil. Bei der Einmündung der Grenzhofstraße kreuzen wir die L 361 und fahren geradeaus weiter auf der **Grenzhofstraße**. Zwischen den Sperrpfosten geht es für Radfahrer geradeaus weiter. Wir erreichen den **Torfstecher Weg** und fahren hier links über die Bahngleise hinüber in die **Christian-Kropp-Straße**. An der abknickenden Vorfahrt geht es weiter geradeaus an der Pfarrkirche St. Maria Himmelfahrt vorbei Richtung Gustorfer Höhe.

Und zum Schluss ein Besuch im „Museum am Stadtpark"

Wir kreuzen die Provinzstraße geradeaus auf der **Chistian-Kropp-Straße**, unterqueren die L 116 und fahren links entlang der Ausschilderung für den Energiepfad. Nach dem Anstieg radeln wir oben links auf den Schotterweg über die Gustorfer Höhe und haben an dem Rastplatz die Möglichkeit uns nach dem Anstieg ein wenig zu erfrischen. Am Gedenkstein für die alten Ortschaften Reisdorf und St. Leonard, die sich ehemals hier befanden aber dem Tagebau weichen mussten, fahren wir links weiter auf der Gustorfer Höhe. Der Weg führt weiter auf dem Energiepfad in den schon teilweise rekultivierten Tagbau Garzweiler I. An der Wegegabelung geht es dann links ab in Richtung Tagbau.

Am Informationspunkt „Elsbachtal", fahren wir geradeaus weiter in Richtung Hundesportplatz, dort links in Richtung des roten Geländers der Elsbachtalbrücke. Wir radeln rechts über die Brücke, um auf der anderen Seite der Brücke wieder links hinauf in Richtung Wasserwerk Fürth zu fahren. Hier gilt es, die letzten schönen Blicke auf den Energiestandort einzufangen. Wir folgen dem Weg immer geradeaus, bis rechts ein Weg direkt auf die hellblaue Stahlfassade des Wasserwerkes führt. An diesem Wasserwerk folgen wir der Ausschilderung rechts auf den asphaltierten Weg in Richtung Grevenbroich. An der nun folgenden großen Straße überqueren wir die L 116 und fahren die **Rheydter Straße** immer entlang des Energiepfads geradeaus bis zum Bahnhof Grevenbroich. Hier endet unsere Rundroute.

Wevelinghoven
Erft
A46
13
13
1
A540
Grevenbroich
Start/Ziel
Elsen
2
2
Südstadt
3
3
A540
4
B59
Gustorf
Gustorfer
Höhe
Neuen-
hausen
Vollrather
Höhe
Allrath
Gindorf
L361
Kraftwerk
Frimmersdorf
Neurather
See
Neurath
Kraftwerk
0
1 km
www.KARTENGRAFIK.de

Tour 7: Darum ist es an der Erft so schön

7

Start: Bahnhof Grevenbroich

Ziel: Neusser Hauptbahnhof

Länge der Tour: 27 km

Schwierigkeitsgrad: leicht

Streckenprofil: gut befahrbare Wege, die nur bei anhaltend feuchtem Wetter unangenehm zu befahren sind.

Anfahrt (per Bahn): mit den Linien RB 38, RB 27, RE 13 oder RE 8

Parkmöglichkeiten: es stehen genügend Parkplätze auf den P+R-Platz zur Verfügung.

Sehenswürdigkeiten: Kloster Langwaden, Schloss Hülchrath, Eppinghovener Mühle, Schloss Reuschenberg, Kinderbauernhof Selikum

Auf dem Erftradweg

Diese Tour führt auf dem Erftradweg unmittelbar entlang der Erft und zeigt uns ursprüngliche Flussauen und eine eindrucksvolle Kulturlandschaft mit Schlössern, Burgen und Mühlen.

Wenn wir aus dem Bahnhof kommen, fahren wir links auf der **Von-Goldammer-Straße** in Richtung Krankenhaus/Noithausen. An der **Feilenhauer Straße** geht es rechts ab, wir folgen immer dem gelben Kreuz geradeaus in Richtung Erft. Wir erreichen eine Brücke die über die Erft führt. Vor uns liegt die so genannte Apfelwiese, eine Wiese mit verschiedenen Obstbäumen, welche im Zuge der Landesgartenschau von 1995 hier angepflanzt wurde. Wer möchte, kann vor der Radtour an diesem idyllischen Plätzchen erst einmal mit einem kleinen Spaziergang starten, ansonsten geht es per Fahrrad vor der Brücke links weiter, direkt an der Erft entlang. Genießen Sie die herrliche Auenlandschaft, fahren Sie ruhig langsamer oder steigen einmal ab.

*Das Quellgebiet der **Erft** liegt südlich von Bad Münstereifel in der Osteifel. Die Erft durchfließt die Niederrheinische Bucht und mündet bei Neuss in den Rhein. Das Einzugsgebiet des 103 km langen Gewässers ist 1.828 qkm groß (davon 1.797 qkm in NRW). Die Erftaue ist dicht be-*

Die Erft – sie gibt einer ganzen Region ihren Namen

siedelt, die landwirtschaftliche Nutzung dominiert. Doch das Erfteinzugsgebiet dient auch als Erholungsgebiet u. a. zum Wandern, Rad fahren und für den Kanusport.

Schon ab der Mitte des 17. Jahrhunderts wurde die Erft an zahlreichen Abschnitten für die Wasserkraftnutzung ausgebaut. Mit dem Vordringen des Rheinischen Braunkohlenbergbaus in das Einzugsgebiet wurden mehrfach Gewässerumlegungen erforderlich, so wird beispielsweise unterhalb von Erftstadt Sümpfungswasser des Braunkohlenbergbaus in die Erft eingeleitet. Die Erft wurde durch wasserbauliche Maßnahmen vertieft, aufgeweitet und durch Steinschüttungen gesichert. Durch diese Eingriffe kam es zu erheblichen regionalen Grundwasserabsenkungen, wodurch der Kontakt von Gewässern und Auen zum Grundwasser verloren ging. Das Wasser der Erft wird teilweise auch von den flussaufwärts liegenden Braunkohlenkraftwerken als Kühlwasser genutzt.

Nach der Unterquerung der K 10 kommen wir an der „Mühle Kottmann" vorbei, einer ehemals von der Wasserkraft der Erft angetriebenen Getreidemühle. Sie fand ihre erste Erwähnung als Kapitelmühle des Kölner Domkapitels im 12. Jahrhundert. Wir folgen der Ausschilderung für den Erftradweg links weiter und fahren dann rechts an den Wevelinghovener Sportanlagen vorbei. Am **Hemmerdener Weg** (L 142) biegen wir rechts ab. Vor der Erftbrücke radeln wir links über die L 142 entlang der Pferdekoppeln parallel zur Erft. Am Ende dieses Feldweges biegen wir rechts in Richtung Erft in die Ortschaft Wevelinghoven ab und fahren an der „Motte" Wevelinghoven vorbei. Es handelt sich bei einer Motte um eine frühzeitliche Schutz- und Fluchtanlage. Die Bevölkerung konnte sowohl bei Hochwasser, wie auch bei Angriffen feindlicher Truppen hierhin fliehen.

Danach genießen wir die Fahrt über die Erft, passieren die Kirche und biegen dann links in die **Unterstraße** ab. Es geht weiter geradeaus entlang der Erft auf der Straße Am Wehr, die wir dann geradeaus in die **Römerstraße** verlassen. Wir radeln weiter durch die Wiesenlandschaften entlang der Erft, die nun links von uns liegt. Doch nun verlassen wir die Erft für einige Kilometer, da es viele interessante Dinge abseits des Flusses zu entdecken gibt.

Am Ortsausgang von Wevelinghoven geht es auf dem Feldweg links in einen Wald hinein, hier biegen wir nach ca. 700 m rechts in Richtung Kloster Langwaden ab.

Das **Kloster Langwaden** ist ein ehemaliges Prämonstratenserinnenkloster aus dem 17./18. Jahrhundert, das zum Schloss umgebaut wurde. Seit 1961 wird es von Brüdern des Zisterzienserordens genutzt. Es geht nun weiter geradeaus, wir überqueren die L 142 und fahren ein kurzes Stück entlang der Straße, bis wir nach ca. 300 m links in Richtung Hülchrath in einen ruhigen Feldweg einbiegen. Hier gelangen wir zum eindrucksvollen Schloss Hülchrath.

*Bis ins 14. Jahrhundert hinein war **Schloss Hülchrath** Grafensitz des Gilgaues (siehe Tour 3). 1314 wurde es an den Kölner Erzbischof Heinrich v. Virneburg verkauft. Das Schloss wurde im großen Stile ausgebaut und befestigt. Die Kölner Kurfürsten sicherten so die nördlichen Grenzen ihres Territoriums gegen die Jülicher Nachbarn ab. Aus dieser Zeit stammt auch der kreisförmige Bau mit einem fünfgeschossigen Bergfried und vier Ecktürmen. Die Stützsteine unterhalb des obersten Stockwerkes sollen aus der Zeit der Judenverfolgung im Mittelalter stammen und eigentlich jüdische Grabsteine sein. Tatsächlich kann man bei genauerem Hinsehen hebräische Schriftzeichen erkennen. Wenn Steine sprechen könnten, würde man wohl auch das Wehklagen der dreizehn Frauen hören, die im so genannten Hexenturm gefoltert und schließlich verbrannt wurden.*

Weiter geht es links in die Ortschaft Hülchrath hinein am Sebastianusplatz mit der alten Synagoge vorbei, bis zur Straße **Auf der Heide**. Wir folgen dem Erftradweg weiter in Richtung Münchrath. An der folgenden Straßenkreuzung fahren wir rechts und unterqueren den Strategischen Bahndamm (siehe Tour 4), um gleich wieder links weiterzufahren entlang des Bahndammes bis nach Neuss-Helpenstein. Es geht nun durch

Hier geht es zum repräsentativen Schloss Hülchrath

Die ehemalige Wasssermühle Eppinghoven

die Ortschaft Helpenstein, am Ortsausgang an der Buswendeschleife radeln wir links weiter in Richtung Eppinghover Mühle. Am Ende des Feldweges biegen wir links zur Brücke über die Erft ab und überqueren die Erft und die daran gelegene Wehranlage. Auf der rechten Seite liegt die „Eppinghover Mühle", eine ehemalige Wassermühle. Ihr gegenüber liegen die Gebäude eines ehemaligen Kloster aus dem 17./18. Jahrhundert. Zunächst lebten hier Zisterzienserinnen, seit dem 17. Jahrhundert bis 1802 war hier ein adliges Damenstift beheimatet.

Es geht weiter geradeaus über die B 477 entlang der Erft zur „Erprather Mühle", ebenfalls eine alte Wassermühle mit großer Wehranlage. Heute werden hier Mehlprodukte der Firma Brata hergestellt. Wir radeln weiter geradeaus bis zur **Erprather Straße**, links über die Erftbrücke und sofort wieder rechts an die beschaulichen Ufer des Flusses. An der nächsten Holzbrücke fahren wir wieder rechts. Wer hier die Gelegenheit zu einem schönen Spaziergang nutzen möchte, schiebt sein Fahrrad geradeaus durch die Tiergehege des Kinderbauernhofes Selikum bis zum asphaltierten Querweg (ca. 1 km). Eine schöne Abwechslung zum Radfahren. Dort geht es wieder rechts zur Erft auf unsere Route.

Wir radeln bis zu den Sportanlagen und fahren dann links parallel zur Erft. Am Ende des Weges geht es links an der Kläranlage vorbei auf Schlangenlinien zurück zum Fluss. Geradeaus führt uns der Weg zum **Schloss Reuschenberg** mit der Corneliuskapelle und dem **Kinderbauernhof Selikum**. Das Schloss Reuschenberg wurde 1847 auf den Fundamenten eines Renissance-Vorgängerbaues errichtet. Die Corne-

Erftaue Selikum

Rad fahren auf verschlungenen Wegen

liuskappelle stiftete Johann Wilhelm von Reuschenberg 1638. Der unweit davon liegende Kinderbauernhof lädt mit seinen alten landwirtschaftlichen Geräten und vor allem mit seinen zahlreichen Tieren zu einem Besuch ein. Ich wette, Ihre Kinder wollen hier noch einmal hin.

Ab jetzt verläuft die Route bis zur Erftmündung immer an der Erft entlang. Genießen Sie die schöne Auenlandschaft links und rechts des Flusses.

Nach dem Drängelgitter am Ende des Erftdeiches fahren wir links Richtung Neusser Sporthafen. Hinter der Brücke direkt rechts, kann man zu Fuß bis zur Erftmündung gehen und dort eine idyllische Rast einlegen. Wir umfahren den Sporthafen bis links ein gerader Weg, der **Scheibendamm**, zur Neusser Innenstadt führt. Ab hier fahren wir ca. 4 km auf der Fietsallee entlang der blaugrünen Stelen oder Wegmarkierung Richtung Neuss Hauptbahnhof. An der Schorlemmer Straße weist uns das Radverkehrsnetz NRW rechts, direkt zur Radstation am Neusser Hauptbahnhof. Von hier aus geht es per RB 38 zurück zum Startort.

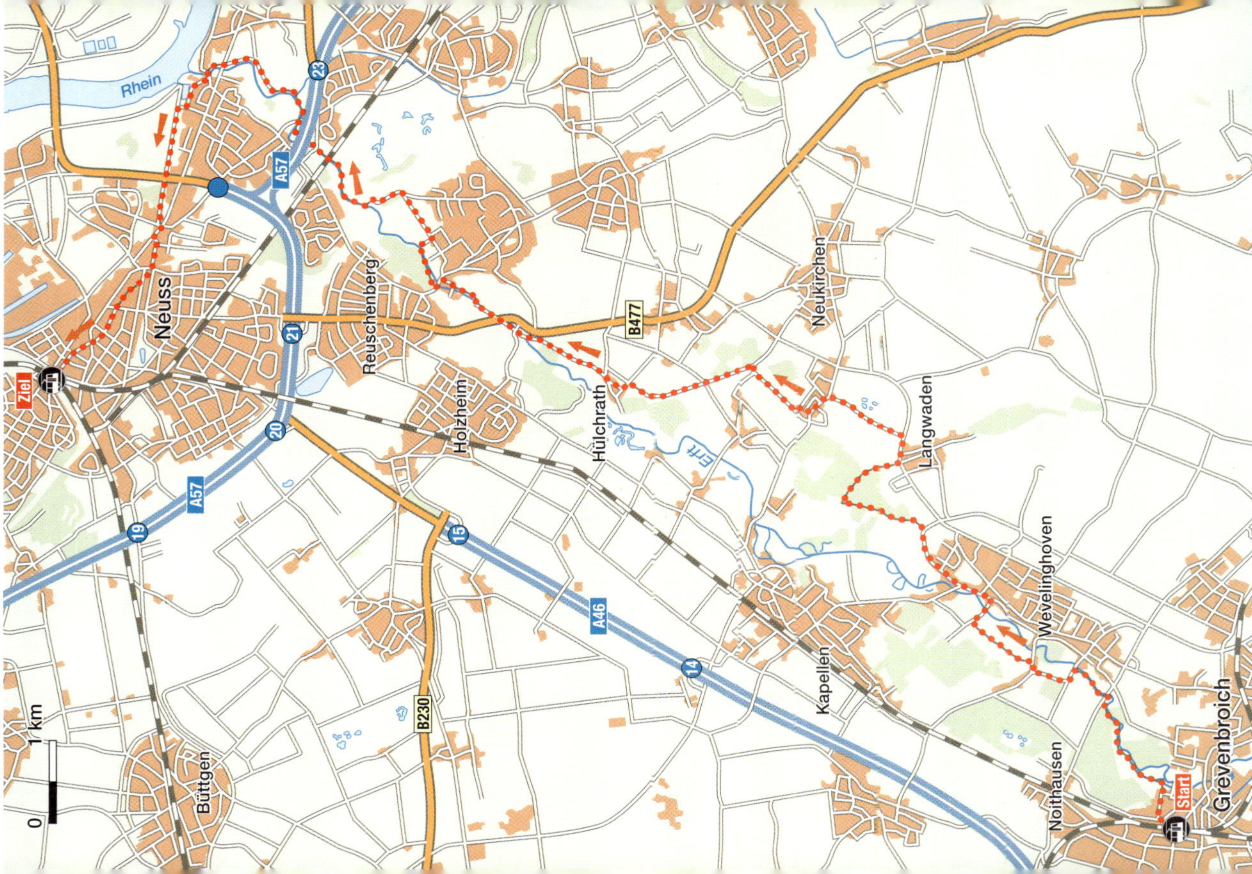
Rhein
Neuss
Ziel
A57
23
21
20
19
Reuschenberg
Holzheim
Hülchrath
B477
Neukirchen
Langwaden
Erft
Wevelinghoven
Kapellen
A46
15
14
B230
Büttgen
Noithausen
Start
Grevenbroich
0
1 km

Tour 8: Das Dycker Ländchen

Start/Ziel: Bahnhof Jüchen

Länge der Tour: 22 km

Schwierigkeitsgrad: leicht

Wegbeschaffenheit: flach, alle Wege größtenteils befestigt und gut zu befahren

Anreise (per Bahn): mit den Linien RE 18 oder RB 27

Parkmöglichkeiten: Parkplätze sind am Ausgang des Bahnhofs oder am Marktplatzes Jüchen ausreichend vorhanden.

Sehenswürdigkeiten: Haus Katz, Haus Bontenbroich, Schloss Dyck, Nikolauskloster

Durch Blütenmeere schwelgen

Die Tour führt uns durch das Gemeindegebiet von Jüchen zum Schloss Dyck. Eine Tour die zur Entspannung einlädt, da sie meist durch Felder und kleinere Ortschaften führt, weitab von jeglicher Alltagshektik.

Vom Jüchener Bahnhof aus geht es geradeaus auf die **Jülicher Straße** und in der ersten Kurve direkt links und danach sofort wieder rechts in die **Päschengasse** hinein. Nach einer kleinen Abfahrt biegen wir rechts in die **Alleestraße** ein und fahren am „Haus Katz" vorbei. Von dem ehemaligen Herrenhaus aus dem 18. Jahrhundert sind nur noch zwei Flügel der Vorburg erhalten. Es ist das ehemalige Haus des Jülicher Vogts. Heute wird es für Ausstellungen und Veranstaltungen genutzt. Schauen Sie ruhig einmal herein.

Wir radeln auf der Alleestraße weiter geradeaus bis zur Odenkirchener Straße (B59), fahren dort links und danach sofort wieder rechts in die **Kelzenberger Straße** hinein. Nun radeln wir geradeaus weiter.

An der **Garzweiler Allee** fahren wir halblinks geradeaus und erreichen Neugarzweiler, ein Ort der im Rahmen der Erweiterung des Tagebaus Garzweiler I hier neu entstanden ist. Der alte Ort Garzweiler ist den

Kelzenberger Bachtal

Romantische Sträßchen in Kelzenberg

Braunkohlebaggern zum Opfer gefallen. Der Anschlusstagebau Garzweiler II erreicht durch die Medien mittlerweile ja überregionale Bekanntheit.

Wir radeln links und folgen dem kleinen Rechtsbogen. An dem kleinen grünen Platz fahren wir den linken Weg entlang der Hausmauer auf den Feldweg in Richtung Kelzenberg. Wir gelangen auf der Straße **An der Eiche** in den Ort Kelzenberg, vorbei an der Evangelischen Kirche Kelzenberg, deren Pläne für den klassizistischen Bau in den Jahren 1835-1838 von Karl Friederich Schinkel überarbeitet wurden.

Ein kleiner Tipp für Schwarzbrotfreunde: Die Kelzenberger Bäckerei in der Keltenstraße Nr. 53 hat ein so begehrtes Schwarzbrot, dass sie dieses sogar über das Internet vertreibt. Gestärkt vom kernigen Schwarzbrot, fahren wir weiter geradeaus und biegen dann rechts in den **Kirschenweg** in Richtung Mürmeln ein. Wir folgen nun immer den Ausschilderungen für die Niederrhein Route und durchqueren Mürmeln. Von der Ortschaft Mürmeln aus können wir schon die herrliche Baumreihe entlang des Kelzenberger Baches sehen. Diese lässt einen sehr schönen Weg vermuten. Also bleiben wir auf dem Weg und biegen an dessen Ende rechts in Richtung „**Haus Bontenbroich**" ab.

Schon im Jahr 1236 ist die „curtis in Buntenbruch" als einer der zu jener Zeit zahlreichen Sitze des niederrheinischen Landadels eingetra-

gen. Der Name des Platzes weist darauf hin, dass die Anlage ihrem Ursprung nach zu den hochmittelalterlichen Adelsburgen gehörte, die durch Rodung und Urbarmachung von Sumpf- und Niederungsgebieten entstanden sind. Der nahe Keltzenberger Bach speiste einst die Wassergräben, die die Anlage ursprünglich ganz umgaben. Auf einem der Giebel prangt ein Doppelwappen mit der Inschrift: „Anno Domini 1599“. 1600 bis 1664 war hier die Predigerstätte der reformierten Gemeinde Kelzenberg untergebracht.

Nachdem wir hier ein kleines Päuschen eingelegt haben, fahren wir nun links weiter entlang des alten Kelzenberger Bachs und passieren den „Roebers Hof“, ein weiteres eindrucksvolles Gehöft. Wir radeln weiter geradeaus aber Vorsicht, an dem Vorfahrtgewähren-Schild kreuzen wir die L 116! Wir passieren den „Hahner Hof“ und fahren dem alten Kelzenbach folgend weiter. Die Wegstrecke wird hier schlechter. Es handelt sich hier um einen wassergebundenen Feldweg, der aber dennoch meist gut zu befahren ist. Am Ende des Weges fahren wir rechts, danach sofort wieder links an der Kastanie vorbei, der Radwegebeschilderung folgend. Unsere Route führt uns nun links in Richtung Schloss Dyck und sofort wieder rechts, am Spielplatz vorbei, weiter Richtung Schloss Dyck und hinein in den Ortsteil Jüchen-Wallrath. Wir fahren auf der **Brückenstraße** weiter geradeaus immer den Schildern

mit dem gelben Kreuz für die Euroga-Route folgend bis zum Schloss Dyck.

Gut Bontenbroich

Die Wälder am Ortsausgang gehören schon zum Schlosspark des Schlosses Dyck. Rechts herum fahrend, folgen wir ein kurzes Stück der

Schloss Dyck

L 32. An der Kreuzung überqueren wir die Hauptstraße und radeln am alten Dycker Forsthaus links weiter Richtung Rubbelrath. Wir fahren nun ums Dycker Ländchen herum. Wer jetzt direkt zum Schloss Dyck gelangen möchte, fährt rechts. Das Schloss befindet sich direkt gegenüber vom Radweg.

Das ***Schloss Dyck*** *ist in seinen Ursprüngen eine ehemalige hochmittelalterliche Burganlage. Umgeben von den Wassern des Kelzenberger Bachs, wurde es auf mehreren Inseln errichtet und so gegen Feinde hochwirksam geschützt. Im 17. Jahrhundert entstand hier auf dieser Burganlage ein barockes Wasserschloss, eines der bedeutsamsten Kulturdenkmäler am Niederrhein, welches sich seit dem Mittelalter im Besitz der Familie Salm-Reifferscheidt-Dyck befindet. Zu Beginn des 19. Jahrhunderts wurde um das Schloss herum von dem schottischen Landschaftsarchitekten Thomas Blaikie, ein mehr als 50 Hektar großer Schlosspark in englischem Stil angelegt. Im Jahre 2002 war Schloss Dyck mit seinen historischen und den dafür neu angelegten Gärten der Hauptstandort der im Rahmen der EUROGA 2002+ veranstalteten Dezentralen Landesgartenschau.*

In Rubbelrath fahren wir im Kreisverkehr rechts auf die K 29 und wechseln am Ortsausgang auf den parallel hierzu rechts verlaufenden Radweg. Rechter Hand haben wir die ersten Einblicke in das Dycker Ländchen mit einer eindrucksvollen Esskastanienallee. Als Dycker Ländchen bezeichnet man ein kleines Territorium, welches sich in der reichsunmittelbaren Herrschaft Dyck befand.

An der letzten Möglichkeit vor der Ortschaft Korschenbroich-Glehn biegen wir recht ab und radeln auf die Flutlichtmasten des Sportplatzes zu. Am Ende diese Feldweges, gegenüber des Nikolausklosters, biegen wir rechts auf den Radweg entlang der L 32 ein.

*Das **Nikolauskloster** ist ein ehemaliges Tertiarierkloster, welches 1905 von Brüdern der Hünefelder Oblaten bezogen wurde. Die vierflügelige Backsteinanlage und die Saalkirche mit großen Deckengemälden stammen aus dem 17./18. Jahrhundert. Jedes Jahr wird hier ein überregional bekanntes Pfingstfest mit Volksfestcharakter gefeiert.*

Wir fahren weiter, vorbei an dem Gartenschaugelände dem „Dycker Feld" bis zum Dycker Weinhaus. Hier geht es links in die Klosterstraße, wir passieren das Dycker Weinhaus und radeln direkt wieder rechts entlang der Ausschilderung für die Niederrhein-Route in Richtung Jüchen/Aldenhoven. Wir haben hier kurz den Jüchener Bach gekreuzt, der uns gleich noch länger begleiten wird. In Jüchen-Aldenhoven führt uns unsere Route links auf die **Schlossstraße** und wir folgen der abknickenden Vorfahrt rechts herum bis zur **Königsstraße**. Der Beschilderung für die Niederrhein-Route folgend, geht es links in die Königsstraße bis zum Jüchener Bach, wo uns der Weg rechts entlang des Bachs vorbei an Gewächshäusern zurück nach Jüchen führt. Nach einem Stück „Natur Pur" erreichen wir den Ortseingang von Jüchen-Bedburdyck.

Dycker Weinhaus

Wer möchte, kann sich hier auf einer Infotafel über das Eurogaprojekt „Renaturierung des Jüchener Baches" informieren. Am Kreisverkehr in

Ländliche Idylle bei Bedburdyck

Jüchen-Bedurdyck verlassen wir das Radverkehrsnetz NRW und machen einen kurzen Links-rechts-Schwenk in Richtung Tennisanlage Bedburdyck. Es geht immer geradeaus am renaturierten Jüchener Bach entlang weiter in Richtung Jüchen-Gierath. Die nun folgenden zwei Drängelgitter sind zwar unangenehm zu passieren, sichern uns aber einen autofreien Rückweg zwischen dem Jüchener Bach auf der linken und Weiden auf der rechten Seite des Weges. Nach dem Drängelgitter geht es rechts und sofort wieder links auf den Feldweg **An der Landstraße** in Richtung Jüchen-Gierath. Nach der Querung dieser Landstraße (L 116) fahren wir geradeaus, rechts am Ort Jüchen-Gierath vorbei, weiter. Hier können wir den idyllischen Blicke auf Obstgärten und der Kirche von Jüchen-Gierath genießen.

Unsere Route führt uns immer geradeaus weiter, entlang der roten Pfeile des Radverkehrsnetzes NRW. Am Ortsausgang von Jüchen-Gierath biegen wir rechts ab und können hier die ersten Blicke auf die Braunkohlenbagger und -absetzer werfen. Sollte sie das Thema Braunkohle interessieren, empfehle ich Ihnen doch einmal die Tour Nr. 6 „Energiepfad“ zu fahren. Es geht weiter auf dem Feldweg geradeaus Richtung Herberath, zum Gestüt Herberath. Wir folgen weiter den roten Pfeilen in Richtung Jüchen und passieren das neue Schulzentrum an der Stadionstraße.

Das letztes Stück unserer Tour führt uns geradeaus, am Marktplatz der Gemeinde Jüchen vorbei, zu unserem Ausgangspunkt, dem Bahnhof Jüchen zurück.

Steinhausen
Glehn
Giesenkirchen
B230
Schelsen
Rubbelrath
Steinforth
Damm
Schloss Dyck
Aldenhoven
Wallrath
Rath
Bonten-
broich
Stessen
Murmeln
Bedburdyck
Kelzenberg
Jüchener Bach
Gierath
A46
Neugarzweiler
13
B59
12
Jüchen
Orken
Start/Ziel
A46
gebau Garzweiler
0
1 km
A540
Grevenbroich
2

8

P

Tour 9: Eine Tour rund um Korschenbroich

Start/Ziel: S-Bahnbahnhof Kleinenbroich

Länge der Tour: 34 km

Schwierigkeitsgrad: leicht

Wegbeschaffenheit: größtenteils asphaltierte oder befestigte Wege

Anfahrt (per Bahn): mit der S8 Mönchengladbach-Düsseldorf Hbf

Parkmöglichkeiten: am S-Bahnhof Kleinenbroich stehen ausreichend P+R-Plätze zur Verfügung.

Sehenswürdigkeiten: Niersaue, Schloss Myllendonk, Bolten Brauerei, Haus Horst, historischer Ortskern Liedberg, Schloss Liedberg, Rittergut Birkhof

Zu Gast bei Rittern und Kurfürsten

Die Route führt uns durch eine typische Niederrheinische Landschaft. Wir fahren durch ehemalige Flusstäler, die heutzutage zu den fruchtbarsten Ackerflächen zählen, vorbei an historischen Gebäuden, deren Geschichten verschiedener nicht sein können. Kirchen und kurfürstliche Burgen, Gutshäuser und Rittergüter.

Entdecken Sie die reizvollen Details einer bewegten Landschaft!

Am Bahnhof Kleinenbroich verlassen wir die Bahngleise in Richtung des Ausgangs „Rhedung". Hierzu müssen wir leider unsere Fahrräder tragen. Oben angekommen, fahren wir auf der Straße **Rhedung**, bis wir die Straße **Am Hallenbad** erreichen. Hier biegen wir rechts ab. Vor der Mehrzweckhalle fahren wir links entlang der Sportplätze in den **Eichhörnchenweg** hinein. Hier können wir uns endlich vom lärmenden Straßenverkehr erholen und vielleicht live einen Torerfolg der dort spielenden Mannschaften miterleben. Dann geht es weiter geradeaus über die Straße **Rhedung** hinweg. Wir befinden uns nun schon in der Einflugschneise des Flughafens Mönchengladbach. Erschrecken Sie daher nicht, wenn sich plötzlich Flugzeuge nahe über Ihrem Kopf befinden. Wir bleiben auf dem asphaltierten Feldweg, der kurz vor der L 382 nach links

Der historische Ortskern von Liedberg

„Ur-Altes“ Bier gibt es in der Bolten Brauerei

abknickt. An dieser Stelle geht es rechts die Böschung hinauf auf den kombinierten Fuß-/Radweg zur Ampel über die L 382. Wir kreuzen die L 382 und radeln links auf dem Radweg entlang der L 382 weiter in Richtung Korschenbroich, über den Trietbach hinweg und nehmen dann die erste Möglichkeit rechts Richtung Korschenbroich-Herrenshoff. Auf diesem Feldweg fahren wir immer geradeaus bis zum **Neersener Weg**. Wer Interesse hat die Flieger aus nächster Nähe zu beobachten, biegt rechts zum Flughafen Mönchengladbach ab.

Unsere Route führt uns aber links weiter. Wir erreichen den **Bauesweg** in den wir rechts einbiegen und radeln auf das Wäldchen um **Schloss Myllendonk** zu. Um die alten Mauern des Schlosses herum, hat sich in idyllischer Lage heute ein Golfclub angesiedelt. An Ende des Baueswegs fahren wir rechts, ein kurzes Stück auf der K 5 weiter in Richtung Mönchengladbach.

Wir überqueren die Niers und radeln dann sofort links weiter auf dem Weg entlang der Niers. An der ersten Möglichkeit verlassen wir die Niers jedoch wieder und fahren dann links auf dem Radweg entlang der **Gladbacher Straße** (K 14) in Richtung Korschenbroich. Wir folgen der Straße, unterqueren die Bahngleise und radeln danach rechts in die Straße **Gilleshütte** hinein. Es geht weiter geradeaus, durch die beiden Begrenzungen des Wendehammers kurz links und direkt wieder rechts über die L 381, weiter auf der Straße **Gilleshütte** (87-1).

Wir erreichen nun den Ortsteil Korschenbroich-Neersbroich, fahren der abknickenden Vorfahrt folgend geradeaus in die **Bruchstraße** hinein.

Dem Verlauf der Bruchstraße folgend fahren wir an der Rückseite der **Privatbrauerei Bolten** vorbei weiter. Diese Brauerei ist die älteste Brauerei am Niederrhein und stellt sehr schmackhaftes Alt sowie Weizenbier her. Achten Sie bei Ihrem nächsten Getränkeeinkauf doch einmal auf diese Marke oder besuchen sie die Brauerei, denn nicht nur der Besuch auch der Genuss des Bieres ist sehr zu empfehlen. Direkt hinter der Brauerei biegen wir links in die Einbahnstraße ein und kreuzen die **Rheydter Straße** und radeln weiter geradeaus über die Brücke der Ortsumgehung Neersbroich. Am Ende des Feldweges fahren wir links auf der Straße **Am Trietenbroich** in Richtung der Ortschaft Korschenbroich-Trietenbroich. Vor der Ortschaft geht es rechts in den Waldweg in Richtung Haus Horst. An der ersten Weggabelung radeln wir schräg links auf den Weg der Niederrhein-Route. Am Grillplatz geht es links weiter der Niederrhein-Route folgend. Wir fahren rechts um das Haus Horst herum und folgen immer noch der Ausschilderung der Niederrhein-Route, immer weiter auf dem Weg in Richtung Liedberg. Rechts ab über das nette Bächlein, und wir kommen an den Wassergraben von Haus Horst. Hier können wir einen Blick auf das schmucke Anwesen werfen.

Haus Horst *fand 1216 erstmals als Rittersitz Erwähnung. Ende des 16. Jahrhunderts wurde es zerstört und sofort wieder aufgebaut. Von 1618 stammt nur noch der allein stehende Treppenturm. Das Gebäude wurde 1853 im neugotischen Stil mit bizarren Giebeln und Zinnen umgebaut. Heute befindet sich in dem Gebäude eine Schlafklinik.*

Wir fahren weiter geradeaus nun in Richtung Korschenbroich-Liedberg. Am Eingangstor zum Haus Horst radeln wir rechts, und an der nächsten größeren Straßenkreuzung direkt wieder links in Richtung der Ausschilderung für den Wanderparkplatz. Diesen passieren wir und folgen der abknickenden Vorfahrt nach links. Nun sehen wir neben dem Getreidesilo der Firma Stappen rechts den Turm von Schloss Liedberg, welches dem Ortsteil den Namen gibt.

Wir fahren weiter und kommen in die Ortschaft Steinhausen hinein – ab hier folgen wir der Ausschilderung für das Euroga-Radwegenetz. Es geht kurz rechts in die **Jahnstraße** und direkt wieder links in die **Straße Steinhausen** hinein. Am Wegkreuz fahren wir schräg rechts und dann geradeaus über die B 201, danach in Richtung Parkplatz zum **Liedberger Haag**. Dort radeln wir links in Richtung des historischen Ortskerns Liedberg. Wir fahren auf der Straße am Markt rechts und danach links in die **Schloßstraße**. Am „Deußenhof“ biegen wir rechts in die Straße **En De Hüll** ein, den Ausschilderungen für das Radverkehrsnetz NRW folgend, um dann an der Apfelwiese rechts Richtung Rubbelrath weiter zu fahren.

Dörfliche Romantik in Liedberg

In Liedberg befindet sich die einzige Höhenburg des Rhein-Kreises Neuss. Sie befindet sich auf einer Quarzitkuppe, die sich ca. 30 m über die ansonsten flache Landschaft heraushebt. Diese Quarzitkuppe entstand durch Verfestigung sandiger Ablagerungen zu Sandstein und Quarziten im Zeitalter des Tertiärs. Bei dem ca. 700 m langen und 300 – 400 m breiten Rücken mit dem höchsten Punkt bei etwa 74 m über NN, handelt es sich um das einzige Festgesteinsvorkommen am Niederrhein.

Im 14. Jahrhundert wurde hier eine stark befestigte, kurkölnische Landesburg des Kölner Erzbischofs und Kurfürsten Friederich von Saarwerden errichtet. Die sehenswerten Fachwerkhäuser am Fuße der Burg stammen aus dem 17./18. Jahrhundert.

Linke Hand in dem Wäldchen findet man das **Haus Fürth**. Es handelt sich hier um die letzte im Rheinland erhaltende Fachwerkwasserburg. Um die Wasserburg zu besuchen, müssen wir an unserer letzen Abbiegung an der Apfelwiese, anstatt dort rechts, dort geradeaus und die nächste Möglichkeit rechts abbiegen. So kommen wir auf dem Feldweg direkt zum Haus Fürth. Ein Abstecher der sich lohnt!

Unsere Rundtour führt uns nun weiter geradeaus zur Ortschaft Korschenbroich-Rubbelrath. In Rubbelrath geht es dann links in Richtung Korschenbroich-Glehn. Am Ortsausgang nehmen wir den Radweg entlang der K 29. Rechte Hand sehen wir die eindrucksvolle Esskastanienallee die vom Schloss Dyck zum Schlosskloster führt. Es geht nun in die Ortschaft Korschenbroich-Glehn hinein. Hier müssen wir den schönen Radweg leider verlassen und fahren weiter geradeaus. An dem Stoppschild biegen wir rechts in die **Schulstraße** ein und kurz darauf links in die Straße **Am Spinngraben**. Wir überqueren den Jüchener Bach und die Bachstraße und setzen den Weg geradeaus fort (**Im Heckend**). Die nächste Möglichkeit rechts in die **Friedensstraße** und sofort wieder links in die Straße **An der Sandkaule**. Dann geht es immer geradeaus weiter. Am Stromhäuschen Glehn-A und dem Alt-Schanzerhof radeln wir weiter geradeaus in Richtung L 116. Wir unterqueren die L 116 und kommen in die Ortschaft Epsendorf. Hier fahren wir direkt rechts und biegen an dem kleinen Wegkreuz gegenüber des alten Hofgebäudes links in die Straße **Am Bildstock** ein. Am Ende der Straße radeln wir wieder rechts bis zum Spielplatz an dem wir dann links in die **Neustraße** einbiegen, diese führt uns entlang der Ortschaft Espendorf. An der nächsten Kreuzung geht es links und danach direkt wieder rechts Richtung Korschenbroich-Lüttgenglehn. Wir erreichen die Ortschaft Lüttgenglehn und biegen an der ersten Einmündung links in die **Oberstraße** ein. Wir folgen dem Straßenverlauf, überqueren die K 8 und fahren in die **Unterstraße** Richtung Rittergut Birkhof. An der Gaststätte „Zu den zwei Linden" fahren wir links, unterqueren die B 201 und sehen rechte Hand das Rittergut. Durch die Kastanienallee kommen wir vorbei an einem großen Pflanzenverkaufszentrum direkt zum „Café Tulpenfeld" und dem Restaurant am Rittergut Birkhof. Das alte Rittergut lädt in idyllischer Lage zu einer Rast ein.

Der Birkhof beherbergt heute einen Golfplatz

*Nachweislich wurde der **Birkhof** bereits im 14. Jahrhundert erwähnt. Der bis in die heutige Zeit dominierende Gebäudekomplex hat seinen Ursprung jedoch im 17. Jahrhundert. Er stellt das für den Niederrhein ty-*

Entspannte Ruhe auf der Pferdekoppel

pische, geschlossene Hofgeviert dar, welches durch zwei Toranlagen zum Innenraum zu befahren ist. Dies war notwendig, um das An- und Abliefern von Waren und Erzeugnissen zu ermöglichen. Die Höhe der Toranlagen richtet sich nach der zu erwartenden Höhe der Erntewagen, die in den Sommermonaten die Getreideernte in die großen Scheunen einfuhren. Das Scheunengebäude liegt in seiner gesamten Länge gegenüber dem herrschaftlichen Wohnhaus. Wenn in den früheren Jahrhunderten vorrangig die Betreibung von Landwirtschaft und Viehzucht auf dem Anwesen vorherrschend war, so hat man im Jahre 1929 erstmalig mit dem Anbau von gärtnerischen Produkten begonnen. Heute beherbergt das Areal den international renommierten Golfpark Rittergut Birkhof.

Unsere Tour führt uns nun weiter an der Kastanienallee vorbei, geradeaus in Richtung Kaarst-Büttgen. Wir überqueren die L 32 und setzen unsere Fahrt Richtung Büttgen Buscherhöfe fort. Wir passieren einige Hofanlagen, an der nun folgenden Kreuzung fahren wir links und danach sofort wieder rechts in den Feldweg hinein. Nun kommen wir zu den **Weilerhöfen**, passieren diese und überqueren danach die L 381 und setzen den Weg weiter geradeaus fort. An der ersten Möglichkeit fahren wir links auf den Damm der L 116 zu, biegen hier aber kurz vorher in Richtung der Bahnschienen ab. Danach sofort wieder links Richtung Kleinenbroich. Auf der rechten Seite sehen wir über die Schienen hinweg die **Kleinenbroicher Mühle**. Die Mühle ist ein weithin sichtbarer Bau, im typischen holländischen Stil aus Backstein. Der dreigeschossige Turm läuft konisch zu und ist am Fuß von einer breiten Terrasse umgeben.

Wir verlassen dann die Schienen und fahren links auf den Feldweg, am neuen Friedhof vorbei und biegen rechts Richtung Kleinenbroich ab. Am Ortseingang fahren wir rechts in die **Maternusstraße** und an deren Ende links in die **Straße Am Lindenhof** hinein. An dem kleinen Platz an der Gaststätte „Lindenhof" fahren wir links entlang der Schienen Richtung Bahnhof Kleinenbroich. Die letzten Meter unserer Tour führen uns über eine kleine Holzbrücke über den Jüchener Bach bis zum Bahnhof Kleinenbroich. Hier endet unsere Rundfahrt.

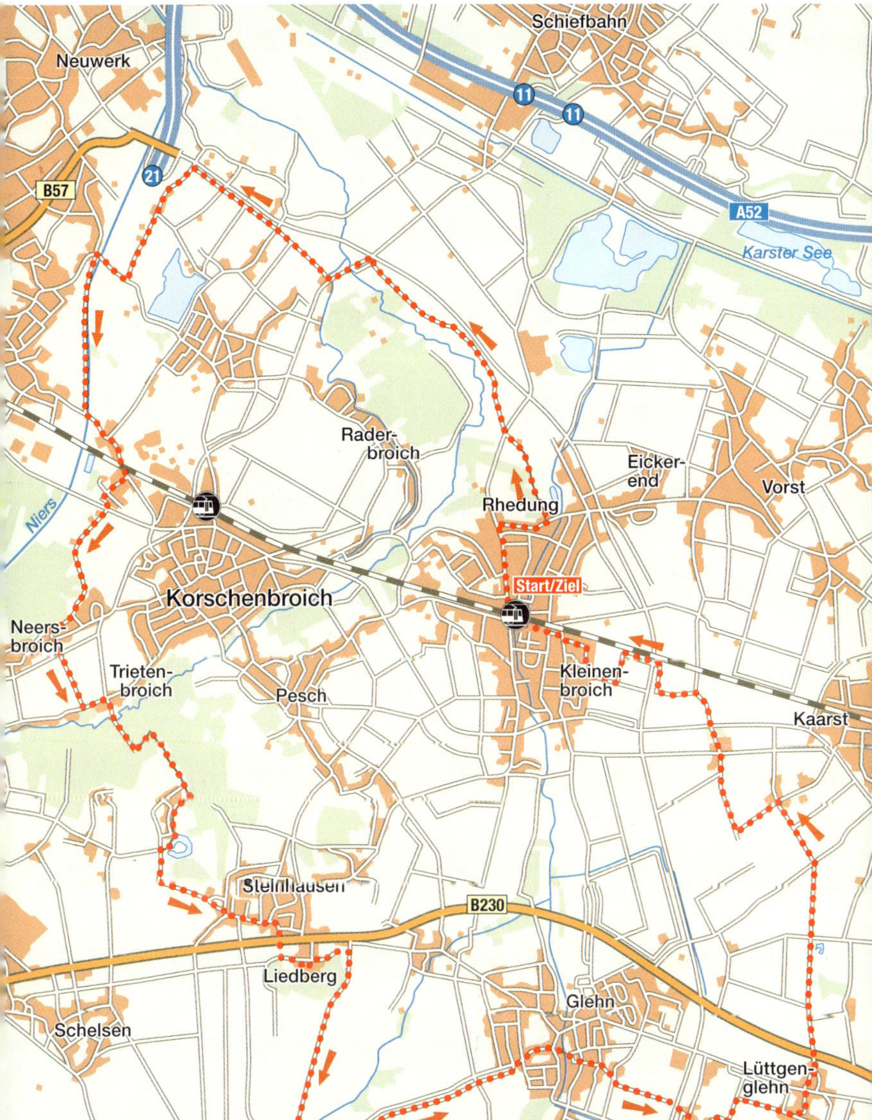

Neuwerk
Schiefbahn
B57
21
11
11
A52
Karster See
Niers
Rader-
broich
Eicker-
end
Vorst
Rhedung
Start/Ziel
Korschenbroich
Neers-
broich
Trieten-
broich
Pesch
Kleinen-
broich
Kaarst
Steinhausen
B230
Liedberg
Glehn
Schelsen
Lüttgen-
glehn
Epsendorf
Rubbelrath
N
0
1 km
www.KARTENGRAFIK.de

Tour 10: Tour de Kaarst

Start/Ziel: S-Bahnbahnhof Büttgen

Länge der Tour: 27 km

Schwierigkeitsgrad: leicht

Wegbeschaffenheit: Die Tour verläuft meist auf asphaltierten Wegen und ist bequem zu befahren. Zweimal müssen jedoch Drängelgitter an der Regiobahn (S 28) überquert werden. Dies ist bei der Fahrt mit Anhängern zu bedenken

Anfahrt (per Bahn): mit der Linie S 8

Parkmöglichkeiten: auf dem P+R-Platz stehen ausreichend Parkplätze zur Verfügung

Sehenswürdigkeiten: Braunsmühle, St. Martinus Kaarst, Museum Tuppenhof, Radsportzentrum Kaarst-Büttgen

Jagd auf das gelbe Trikot

Auf diese Tour durchqueren wir auf dem gut ausgebauten Feldwegenetz das Stadtgebiet von Kaarst. Mit der Radsporthalle in Kaarst-Büttgen genießt Kaarst einen besonderen Namen in der Radsportwelt. Hier finden nationale wie internationale Wettkämpfe und Meisterschaften statt.

Vom nördlichen Bahnsteig aus fahren wir direkt rechts entlang des Bahngleises auf den **Postweg** und folgen der Beschilderung geradeaus in Richtung Neuss-Morgensternsheide. Im weiteren Verlauf erreichen wir die Böschung der K 37, hier fahren wir rechts über die K 37 und sofort wieder links der Beschilderung folgend weiter geradeaus. Von hier aus haben wir einen schönen Blick auf die Braunsmühle.

*Seit dem Jahre 1580 ist für diesen Standort eine Windmühle nachgewiesen, die von dem Grafen von Dyck errichtet wurde. Die **Braunsmühle** selbst geht auf eine 1756 von Graf August Bernhard von Dyck nach holländischem Vorbild errichtete Turmwindmühle zurück.*

Von der Braunsmühle aus fahren wir den Weg immer geradeaus Richtung Kaarst-Holzbüttgen und passieren dabei den Mühlenhof und den

Das neue Rathaus von Kaarst

Auch von der Rückseite schön – die Braunsmühle

Pannenbecker Hof. Wir halten uns auf dem Feldweg halb links und radeln nun direkt auf die Wohngebäude zu. Weiter geht es geradeaus, wir erreichen einen Abzweig an den Pkws nur links fahren dürfen, wir hingegen können mit unseren Rädern direkt geradeaus Richtung Kaarst-Holzbüttgen weiterfahren. Es folgt ein Kreisverkehr, hier geht es direkt rechts und danach sofort wieder links in die Straße **Großer Mühlenweg** hinein. Wir befahren den Großen Mühlenweg weiter geradeaus, bis wir an dessen Ende links in die **Königsstraße** einbiegen. An der dritten Möglichkeit fahren wir rechts in die Straße **Am Pfarrzentrum** hinein und radeln weiter geradeaus auf die roten Container der Fahrradabstellanlage an der Haltestelle der S 28 Kaarst-Mitte/Holzbüttgen zu. Hier müssen wir die Gleise durch ein **ziemlich enges Drängelgitter** hindurch queren. Wir erreichen nun den Nordkanal und die L 390, beide überqueren wir und radeln danach die **Erftstraße** entlang, weiter in Richtung Kaarst Innenstadt. An der Straße **Am Stüssges Hof** geht es dann links ab. Es folgt ein Wendehammer hier radeln wir rechts auf den Weg, den wir entlang der Hecke weiter folgen. Am Sportplatz fahren wir rechts an der Halle vorbei und radeln weiter auf dem **Dr.-Stephan-Crüter-Weg** in Richtung Kaarst Innenstadt. Rechts des Weges sehen wir die neu gestaltete Stadtmitte von Kaarst mit einem einladenden Biergarten, der direkt am Stadtsee liegt. Wie wäre es mit einer kleinen Rast?

*Ein erstes schriftliches Zeugnis über eine Besiedlung von **Büttgen** existiert aus dem Jahr 793 n. Chr. In der „Vita Sankti Ludgeri", der Lebensbeschreibung Ludgers des ersten Bischofs von Münster, wird geschildert, Ludger habe von Budica aus den Wald Hamarithi durchwandert. Budica ist der ehemalige Name von Büttgen. **Kaarst** wird als „Karlesforst" urkundlich erstmals im Jahr 1218 erwähnt. Der Name Karl war in der Familie der fränkischen Könige gebräuchlich. Der bekannteste Karl der fränkischen Königsfamilie war der in Aachen residierende Karl der Große, worauf die volkstümliche Überlieferung anknüpft, dass der Name Kaarst auf Karl den Großen zurückzuführen ist. Heute ist die Stadt Kaarst aufgrund ihre verkehrsgünstigen Lage in der Niederrheinischen Tiefebene, 12 km von Mönchengladbach, 5 km von Neuss und 15 km von Düsseldorf entfernt, sehr beliebt. Die neu gestaltete preisgekrönte Stadtmitte mit Rathaus und Bürgerhaus wurde 1994 eingeweiht.*

Nach der verdienten Rast biegen wir links in die **Alte Heer Straße** ein und fahren sofort wieder rechts in die Straße **Im Hunengraben**. Am Kindergarten radeln wir rechts auf den Schotterweg immer geradeaus und kommen zur Straße **Am Siepbach**. Wir bleiben auf dieser Straße und queren die **Matthias-Claudius-Straße**, passieren die Polizeistation und fahren in die **Rathausstraße**, an deren Ende wir rechts in

Ein Ruhepäuschen für Rad und Fahrer

die **Friedensstraße** einbiegen. An der nun folgenden Ampel geht es links in die Mittelstraße hinein, danach weiter geradeaus in Richtung „altes Dorf". Wenn wir links in die **Kaiser-Karl-Straße** fahren können wir uns gut vorstellen, wie Kaarst in früheren Tagen aussah. Unser Weg führt uns vorbei an einem netten Ensembel alter Häuser. Vor der Martinus Kirche biegen wir rechts in die **Kirchstraße** ein und direkt links in die „**Kirchstraße 17 – 29**", vorbei an der Katholischen Pfarrkirche St. Martinus.

***St. Martinus**, eine dreischiffige Gewölbebasilika stammt aus dem Ende des 12. Jahrhundert. Nach ihrer Restaurierung 1963 gilt dieses romanische Gotteshaus als einer der schönsten und harmonischsten Kirchenbauten des Rhein-Kreises Neuss. Neben der Kirche befindet sich die rund 2000 Pfund schwere Martinsglocke aus dem Jahre 1483, welche 1948 einen Riss bekam und ersetzt werden musste.*

Wir gelangen zur **Giemesstraße** und fahren rechts auf dem Radweg Richtung A 52. Auf der Höhe der Ampel an der großen Kreuzung überqueren wir die Mittelstraße Richtung Meerbusch-Strümp und Meerbusch-Osterath und fahren dann unter die A 52 hindurch. Die Giemesstraße heißt nun nur noch L 154. Hier folgen wir der Ausschilderung des Radverkehrsnetzes NRW weiter geradeaus über die L 30, immer entlang des Radweges an der L 154. Es geht an der ersten Möglichkeit rechts ins Tönis Feld Richtung „Gärtnerei Hoefels". Endlich mal wieder weg vom lauten Straßenverkehr! Am Wegekreuz, welches durch den Heimatverein errichtet wurde, radeln wir links weiter an der Gärtnerei Hoefels vorbei in Richtung „Franzen Zollhaus". Wieder an der L 154 angekommen fahren wir rechts und direkt wieder links in Richtung Golfplatz und Voltigierzentrum, in die K 19. Nach ca. 200 m biegen wir links in den ausgebauten Feldweg entlang des Baggerloches Richtung Kaarst ab und radeln auf eine Baumreihe zu.

*Diese Baumreihe ist ein Teil eines ehemaligen Grenzwalles, der **Alten Landwehr**, einem Wall-Grabensystem mit dichter Bepflanzung aus dem Jahre 1370. Dieser wurde von dem Kölner Kurfürsten Friederich III. von Saarwerden zwischen kurkölnischem und Klevischen Land errichtet.*

Wir radeln geradeaus weiter, nehmen dann den zweiten Feldweg rechts, fahren bis zu dessen Ende und dann links an dem Baggersee vorbei. Vor der Brücke über die A 52 biegen wir rechts in die **Alte Heerstraße** ein. Entlang der idyllischen Pferdewiesen, zu denen das Geräusch der Autobahn manchmal gar nicht passen mag, fahren wir auf den Funkturm Richtung Willich-Schiefbahn zu. Der Feldweg führt uns in die Ortschaft und heißt nun **Kaarster Weg**. Dieser gabelt sich und wir fahren links in die Straße **Unterbruch** hinein. Danach geht es direkt an der Ecke zur Römer Straße links weiter in den Feldweg hinein. Wir passieren den „Spargelhof Schiffer“, fahren geradeaus und überqueren dann die A 52. Nach der Autobahnüberquerung biegen wir direkt rechts ab und folgen dem Feldweg. Danach geht es links und direkt wieder rechts auf den Radweg in Richtung Bresser Hof. Am Bresser Hof geht es weiter über die L 390 auf die **Fiets-Allee** entlang des Nordkanals. Linker Hand auf der anderen Straßenseite sehen wir nach kurzer Zeit die **Erholungsanlage Kaarster See**. Haben Sie Lust auf eine kleine Bootspartie, oder einfach mal die Beine am Strand ausstrecken? Dann sind Sie hier genau richtig! Am Haltepunkt der S 28 „Kaarster See“ überqueren wir die Gleise und biegen rechts in den Wald hinein. Ganz müde Fahrer können hier schon den Rückweg mit der S 28 Richtung Neuss antreten, ich empfehle aber weiter zu fahren. Im Wald nehmen wir den ersten Weg rechts. Der Weg führt uns vorbei an einer kleinen Grillhütte und einem Sportplatz. Es geht immer weiter geradeaus, rechts kann man durch die Bäume hindurch den Nordkanal sehen (s. Tour 11). Nach rund 1 km gelangen wir automatisch auf einen asphaltierten Weg, den wir links Richtung Waldhof folgen. Wir passieren den Waldhof und gelangen schließlich auf die **Schiefbahner Straße (K 34)**. Um die K 34 zu überqueren, fahren wir links und sofort wieder recht und radeln dann parallel zur Ortschaft Vorst weiter. Der Feldweg mündet in die Straße **Am Spielmannsfalter**, hier geht es der lokalen Radwegebe-

Friedvolle Ruhe in Kaarst

Der Tuppenhof

schilderung folgend weiter geradeaus. An der **Kleinenbroicher Straße** biegen wir rechts ab und fahren dann links auf der Straße **Rottes** in Richtung Tuppenhof weiter. Der Tuppenhof ist eine typische rheinische Vierkanthofanlage aus dem 19. Jahrhundert. Heute ist hier ein Museum und eine Begegnungsstätte für bäuerliche Geschichte und Kultur beheimatet. Schauen Sie ruhig einmal herein.

Unsere Route führt uns nun rechts in den **Bäumchensweg** hinein, danach fahren wir rechts auf den Feldweg Richtung Büttgen bis zur Bahnlinie. Wir folgen links den Schildern Richtung Kaarst/Büttgen und fahren immer entlang der Bahnlinie weiter. Am Ende des asphaltierten Weges folgt ein Linksknick, hier fahren wir rechts auf den Fußweg der jedoch für Radfahrer freigegeben ist. Wir befahren diesen Weg bis zum Gitter der Fußgängerunterführung und folgen ab da der Ausschilderung für Radfahrer. Wir biegen links in die **Ludgerus Straße** und sofort wieder rechts in die **Stefan Straße** ein. An deren Ende geht es rechts auf der Michaelstraße bis zum S-Bahn Haltepunkt Büttgen. Hier endet nun die Tour rund um Kaarst.

Radsportfreunde können links zum **Radsportzentrum Kaarst/Büttgen** fahren. Vielleicht haben Sie Glück und es finden Wettbewerbe oder Trainingscamps von internationalen Rennradställen oder Nationalmannschaften im Radsportsportzentrum statt.

Einen schönen Rahmen zur Erholung und Erfrischung bietet der „Alte Marktplatz" von Kaarst-Büttgen mit dem links daran gelegen fahrradfreundlichen Hotel „Jan van Werth".

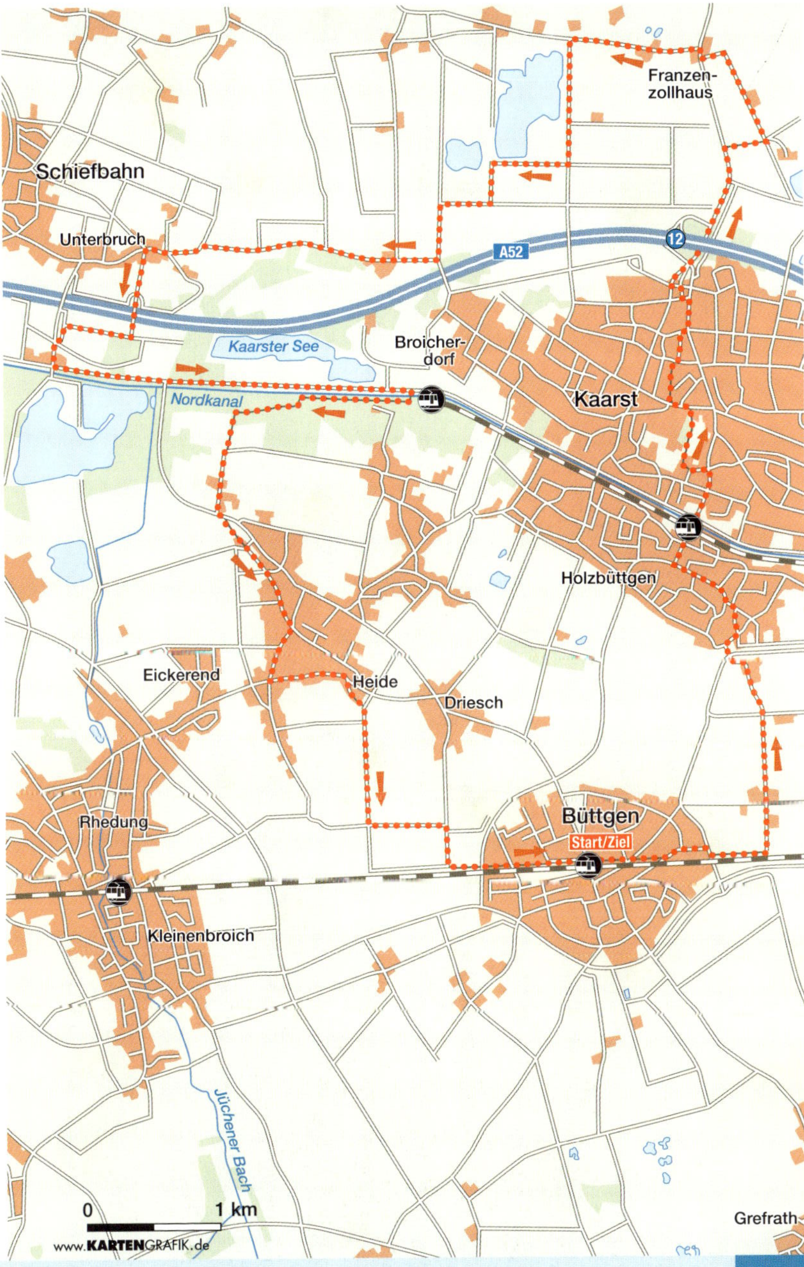
Schiefbahn
Unterbruch
Franzen-
zollhaus
A52
12
Kaarster See
Broicher-
dorf
Nordkanal
Kaarst
Holzbüttgen
Eickerend
Heide
Driesch
Rhedung
Büttgen
Start/Ziel
Kleinenbroich
Jüchener Bach
0
1 km
www.KARTENGRAFIK.de
Grefrath

Tour 11: Rund um Neuss

Start/Ziel: Hauptbahnhof Neuss

Länge der Tour: 41 km

Schwierigkeitsgrad: leicht

Wegbeschaffenheit: meist asphaltierte Wege, die leicht zu befahren sind

Anfahrt (per Bahn): mit den Linien S 8, S 11, S 28, RE 4, RE 13, RE 7, RB 38

Parkmöglichkeiten: an der Salzstraße, direkt am Hauptbahnhof gelegen

Sehenswürdigkeiten: Nordkanal, Museum Insel Hombroich, Müggenburg mit Parkanlage, Quirinus Münster

Im Schatten des Quirinus Münsters

Wir umrunden die Stadt Neuss auf ruhigen Feldwegen und kleinen Sträßchen. Den Stadtlärm können wir auf dieser Route getrost vergessen.

***Neuss** gehört zu den ältesten Städten Deutschlands. Ihre über 2000-jährige Geschichte reicht zurück bis in die Römerzeit. Bereits um 16 v. Chr. errichten die Römer südlich der heutigen Altstadt ein ausgedehntes Militärlager. Ihm folgte eine Zivilsiedlung auf dem Boden des heutigen Neusser Stadtzentrums, die sich schnell zum florierenden Handelsplatz entwickelte – eine Bedeutung, die Neuss bis in die Gegenwart nicht verloren hat. Anfang des 12. Jahrhunderts schützte sich die Stadt mit den ersten Befestigungen – in weiser Voraussicht auf die kommende wechselvolle Geschichte.*

Ende des 19. Jahrhunderts beginnt in Neuss – nach dem Ausbau des Hafens – ein bemerkenswerter industrieller Aufschwung. Heute ist Neuss eine moderne Großstadt mit 150.000 Einwohnern, florierender Wirtschaft und beredten Zeugen einer bewegten Vergangenheit.

Die Rundroute verläuft immer auf Wegen im Schatten des Quirinus Münsters, dessen Kuppel meist weithin sichtbar ist.

Sporthafen Neuss

Von weithin sichtbar – das Quirinus Münster

Die Tour beginnt am alten Haupteingang des Hauptbahnhofes Neuss, an dem sich heute die Radstation befindet. Wir fahren rechts entlang der **Furtherstraße** und direkt an der Bushaltestelle wieder rechts Richtung Güterbahnhof in die **Zufuhrstraße** hinein. Wir gelangen zum Hintereingang des Neusser Hauptbahnhofes dort biegen wir links in den **Weissenberger Weg** ein. Entlang von Industriegebäuden der Firma Bauer & Schauerte Karcher (Textron) führt uns der Weg geradeaus über die **Josefsstraße** hinweg, vorbei an der **Repuarier Straße**. Durch die Bäume kann man den alten Güterbahnhof Neuss erkennen. Wir fahren am Spielplatz links auf dem Radweg entlang der **Römerstraße** und gelangen zur Kreuzung **Römerstraße/Fesser Straße**. Wir radeln auf der Römerstraße vorbei an einem Einkaufszentrum auf der rechten Seite, immer nach Norden in Richtung Meerbusch. An der **Bataver Straße** fahren wir rechts auf dem Radweg, der entlang der Bataver Straße führt und die **Bockholt Straße** überquert. Es folgt eine große Kreuzung, hier überqueren wir die Gladbacher Straße und fahren links weiter auf dem Radweg entlang der **Gladbacher Straße**, vorbei an Haus Weißenberg, das mit einem schönen Biergarten zu einer ersten Rast einlädt. Hinter der Bahnunterführung geht es rechts auf einen Waldweg. Hier passieren wir einen schönen, im Grünen gelegenen Kinderspielplatz, der mit einer riesigen Rutsche ausgestattet ist. Wenn Sie Kinder dabei haben, bietet sich hier eine gute Gelegenheit für einen kleinen Zwischenstopp. An der dritte Möglichkeit fahren wir rechts in einen Weg hinein, der uns entlang schöner Hausgärten bis zu einem leider sehr engen Drängelgitter führt. Hier biegen wir rechts in die Straße **Brücke** ein, die uns unter der A 52 hindurch an der Lauvenburg vorbei führt. Am Reitstall Schmitz fahren wir links am Verkehrsübungszentrum vorbei. Wir überqueren die beschrankten Eisenbahngleise und folgen dem Feldweg, der uns direkt wieder in Richtung Neuss führt. Es geht weiter bis zur **Kaarster Straße**. Hier fahren wir rechts und dann sofort wieder links in die Straße **Im Rottfeld** hinein. Wir wechseln auf den parallel zur Straße verlaufenden Feldweg und radeln links in Richtung Kaarst/A 57, immer geradeaus in Richtung der am Horizont erkennbaren Bebauung von Neuss. Es geht an der Einschlagsfläche für Bäume vorbei links auf der Straße **Lange Hecke** Richtung Neuss. Nun fahren wir in die rechtsabbiegende Straße **Im Püllenkamp** hinein und danach wieder rechts auf den Radweg entlang der **Viersener Straße**. Vor dem Ortsausgang von Neuss überqueren wir die Fahrbahn und fahren geradeaus in das **Jröne Merke**, einer grünen Oase, die zur Pause einlädt.

Rechts sehen wir die Gleise der Regio-Bahn die parallel zum Nordkanal verlaufen. Wir folgen der Wegeführung rechts entlang des gelben Kreuzes.

Die grüne Oase „Jröne Merke“ lädt zu einer Rast ein

Als Napoleon Anfang des 19. Jahrhundert das Rheinland besetzte, wollte er eine kurze und sichere Verbindung zwischen dem Mutterland Frankreich und dem besetzten Rheinland, ohne dem Umweg über die Niederlande, schaffen. Dies war der Grund für die Planung eines Ka-

nals, der von Antwerpen bis nach Neuss am Rhein führte. 1807 wurde mit dem Bau dieses Kanals begonnen, der aber schon drei Jahre später wieder eingestellt wurde, da die Niederlande unter Französischer Verwaltung gerieten und somit das einst wichtige strategische Ziel an Bedeutung verlor. Das Teilstück zwischen Neuss und Neersen wurde zwar vollendet und 1822 in Betrieb genommen, die Zeit der Lastkähne und Eilyachten endete aber endgültig mit dem Bau einer parallel zum ***Nordkanal*** *verlaufenden Eisenbahnstrecke.*

Nun fahren wir rechts über den Bahnübergang auf der **Geulenstraße** und weiter geradeaus Richtung Morgensternsheide. Durch den Ort hindurch, der Radwegebeschilderung folgend, geht es links auf den **Eselspfad**. Wir bleiben auf dem Eselspfad und radeln über den Bahnübergang bis zur **Rheydter Straße**. Diese überqueren wir an der Ampelanlage, folgen der kleinen Linkskurve und fahren rechts weiter durch den Hauptfriedhof der Stadt Neuss. Weiter geht es auf dem Eselspfad. An der kleinen Lichtung sehen wir rechts die Aufbauten der „allrounder winter world Indoor Skihalle“ von Neuss Grefrath. Wie wäre es zur Abwechslung mit einer kleinen Skitour? Wir fahren weiter über den Grefrather Weg hinweg, immer geradeaus auf dem Eselspfad. Nun müssen wir die B1 am Autobahnkreuz Neuss/West überqueren und folgen danach der Radwegebeschilderung rechts Richtung Neuss-Reuschenberg. Dieser für Radfahrer bisher unangenehme Übergang wird voraussichtlich bis zum Jahr 2006 umgebaut und für den Radfahrer wesentlich komfortabler gestaltet sein. An der **Moselstraße** geht es rechts über die A 57 an der Eissporthalle vorbei, rechts in die Straße **Am Südpark** hinein. Wir biegen schräg links in die **Rosen Straße** ein und danach rechts in die **Krokus Straße**. Am Dahlien Weg radeln wir links vorbei und es geht nun rechts auf den Feldweg Richtung Neuss-Holzheim. Der Weg führt uns geradeaus in die **Nordstraße**, am Ortskern von Neuss-Holzheim vorbei, weiter geradeaus. An der nächsten Straße (**Friedhofsstraße**) biegen wir rechts ab und fahren entlang des Friedhofes von Neuss-Holzheim weiter. Geradeaus geht es über die Schienen hinweg und links Richtung Raketenstation der Museums-Insel Hombroich. Bei guter Sicht kann man am Horizont schon die Vollrather Höhe und die Kraftwerke Frimmersdorf und Neurath erkennen. Neugierig geworden, dann wählen Sie beim nächsten Mal den „Energiepfad“ (Tour Nr. 6). Oben an der 14 m hohen Skulptur von Eduardo Chillida geht es links Richtung Museums-Insel Hombroich auf dem Euroga-Radweg.

Mitten in der 20 ha großen Erftaue vereinen sich heute Kunst und Natur. Ausstellungsräume und Künstlerateliers haben hier unter dem Motto des französischen Künstlers Paul Cézanne ***„Kunst parallel zur Natur“*** *ihren Platz gefunden. Künstler werden hier nicht streng nach Themen,*

Idylle am Wegesrand – der Müggenburg-Park

Namen oder Jahreszahlen sortiert. So können hier jahrhundertealte Khmer Figuren direkt neben modernen Gemälden entdeckt werden. Besucher können der Kunst hier unvoreingenommen begegnen und so ein eigenes Bild entwickeln.

Wir überqueren die Schienen und fahren bis zum Berger Hof, dort geht es links und danach direkt die erste Möglichkeit wieder rechts Richtung Museums-Insel Hombroich. Die Route führt an der Museums-Insel vorbei und geradeaus weiter direkt auf die neue Brücke über die Erft. Hier schließt sich ein schöner, wenn auch etwas holpriger Weg an den „alten Strategischen Bahndamm" an. Lust auf mehr? Dann probieren Sie die Tour 4!

Weiter geht es hinter der alten Betonbrücke direkt in die Ortschaft Neuss-Helpenstein hinein. Achtung! Die Abfahrt könnte etwas unbequem werden. Daher gilt: „Wer sein Fahrrad liebt, der schiebt!". Rechts geht es dann auf der **Habernus Straße** Richtung Neuss-Speck weiter. Wir fahren an der Schule schräg links geradeaus direkt in die Ortschaft Speck hinein, der Weg führt nun direkt über die Fußgänger- und Radfahrerampel in die Straße **Auf den Stöcken**. Wir passieren die Schranke und radeln direkt vor der L 142 links auf den Feldweg Richtung Neuss-Hoisten. Am Friedhof vorbei geht es dann sofort rechts in Richtung des Ortseingangs von Neuss-Hoisten entlang der **Welder Straße**. Wir überqueren die Hochstaden Straße und fahren in die **Kreuzstraße** und dann sofort wieder rechts in die **Alte Ufer Straße** hinein. Wir kommen nun durch den alten Ortskern von Hoisten und passieren dabei die Gaststätte „Zur Mitte". Schon Lust auf eine Pause? Nun geht es links weiter in die **Schützenstraße** am Kirchberg hinein, danach biegen wir rechts in die **Tonhallenstraße** ab. Hier überqueren wir die K 30 und fahren links auf den Radweg entlang der neuen K 30 auf der wir direkt den ersten Abzweig nach rechts folgen. Nun nehmen wir Kurs Richtung Neuss/Hilgers Hof. Vor dem Reitplatz fahren wir rechts und folgen dem Weg entlang der sich rechts befindenden Terrassenkante des alten Rheinbettes. Wir radeln geradeaus weiter über den Norfbach hinweg und biegen bei der nächsten Möglichkeit links Richtung Neuss/Rosellen-Neuss/Neuenbaum ab. Ab hier geht es auf fast direktem Weg immer Richtung Norden zum Ausgangspunkt zurück – immer entlang des Norfbaches, der sich friedlich durch die Kulturlandschaft schlängelt. Nun fahren wir kurz rechts auf die **Rosellener Kirchstraße** und direkt wieder links in den **Wiesen Weg** hinein. Wir folgen dem Weg weiter entlang des Norfbaches, vorbei an Neuss-Gill und Neuss-Allerheiligen. Vorsicht bei der Überquerung der Straße! Weiter geht es entlang des Norfbaches. Wir unterqueren eine Brücke, die unter der neuen K 30 hindurchführt. Hinter dem Sportplatz biegen wir rechts durch das Tor in den **Müggenburg-Park** ab. Diese Parkanlage gehört zum dahinter liegenden kleinen Wasserschloss „Die Müggenburg“ aus dem 18. Jahrhundert. Am Ende des Parks überqueren wir die Straße an der Ampel und folgen weiter dem Weg entlang des Norfbachs. An der Ampel überqueren wir die L 380 und radeln in Richtung Norf/S-Bahnhof. Es geht unter die Gleise hindurch und links zurück zum Norfbach, dem wir rechts folgen. Wir überqueren die Zufahrt zum Novotel. Der Weg führt uns unter die Autobahn A 57 hindurch. Vorsicht! Hier wird es eng und es heißt absteigen oder den Kopf einziehen. Nach der Unterführung fahren wir an der Wegegabelung links. Der Norfbach mündet kurz darauf in die Erft. An der Mündung geht es dann rechts immer am Erftdeich entlang weiter.

Wir erreichen die B 9, die wir überqueren und radeln weiter entlang der Erft. Hier oben kann man schon die Erftmündung in den Rhein sehen sowie die Konturen der Südbrücke und des Kraftwerkes „Lausward“ in Düsseldorf. Es gilt jetzt noch das enge Drängelgitter zu überwinden und dann fahren wir weiter links Richtung Neuss/Südbrücke. Nachdem wir die Erft überquert haben, fahren wir direkt rechts vorbei an den Absperrpfosten auf dem Kopfsteinpflaster bis zur Erftmündung unterhalb des Lokals „Freynik am Fluss“. Nach einem kleinem Päuschen geht es weiter auf diesem Weg in Richtung Neuss-Sporthafen. Wir fahren

Wiese, Wald und Pferde

rechts in die Straße **Am Sporthafen** und genießen den Ausblick auf die vielen Maste der Segelboote. Nachdem wir den Sporthafen halb umrundet haben, biegen wir nach einem Rechtsknick links auf den Scheibendamm ab. Auf dem Scheibendamm angekommen, sehen wir rechts

Im Clemens-Sels-Museum kann man Funde aus der Römerzeit besichtigen

den **Rheinpark Neuss**. Dieser wurde im Rahmen der EUROGA 2000+ von der Stadt Neuss geplant und umgesetzt. Auf der Grundlage des wertvollen Naturpotentials der Rheinauenlandschaft soll im Gebiet des Rheinparks das Nebeneinander von lebendiger Kultur- und Naturlandschaft sowie ruhiger Freizeitnutzung ermöglicht werden.

Wir fahren auf dem Scheibendamm weiter bis zum **Alexianerplatz**. Wir überqueren die Ampel und biegen dann links in die **Augustinus Straße** ein. Nun folgen wir der Ausschilderung des Euroga Radwegs mit dem gelben Kreuz in Richtung Neuss-Zentrum/Kaarst. Nachdem wir die **Selikumer Straße** überquert haben, fahren wir am Rosengarten vorbei und treffen hier wieder auf den Nordkanal. Vor der Kaiser-Friedrich-Straße geht es dann schräg links unter dem Ebertplatz hindurch, weiter entlang des Nordkanals bis zur **Schorlemer Straße**. Dort geht es rechts in Richtung Hauptbahnhof zurück. Hier endet unsere Fahrt „Rund um Neuss“.

11

Oberkassel
Hamm
Rhein
Grimling-
hausen
Derikum
A57
24
Elvekum
Rosellerheide
Heerdt
Neuss
Gnadental
23
Erfttal
Norf
Schlicherum
Rosellen
B222
14
Niederdonk
Weckhoven
Reuschenberg
Hoisten
Speck
Neukirchen
21
B477
Erft
Helpenstein
Holzheim
A52
Start/Ziel
Weißen-
berg
20
A57
Neusser
Furth
Morgensterns-
heide
Museum
Insel Hombroich
18
15
14
Kaarst
Büttgen
Grefrath
B230
A46
Kapellen
0
1 km

Tour 12: „Stadt, Land, Fluss“

Start/Ziel: Bahnhof Meerbusch-Osterrath

Länge der Tour: 30 km

Schwierigkeitsgrad: leicht

Wegbeschaffenheit: meist asphaltierte, gut zu befahrende Wege

Anreise (mit der Bahn): mit den Linien RE 7, RE 10. Alternativ hierzu kreuzt die Tour an zwei Haltepunkten (Holterheide, Landsknecht) die U 70, 76

Parkmöglichkeiten: am Bahnhof Meerbusch-Osterath stehen P+R Plätze zur Verfügung

Sehenswürdigkeiten: Lauvenburg, Gut Dyckhof, Sieben-Schmerzen-Weg, Romanischer Kirchturm in Büderich, Haus Gripswald

Meerbusch komplett

Diese Rundtour „Stadt, Land, Fluss“ zeigt die abwechslungsreichen Gesichter der Stadt Meerbusch und lädt Sie ein, vom Sattel aus die unterschiedlichen Stadtteile Meerbuschs mit ihren eigenen Charakteren zu entdecken.

*Eigentlich ist **Meerbusch** ein gemeindliches Kunstprodukt der Gemeindereform des Jahres 1970 und besteht aus guten, teils sehr noblen Ortsteilen sowie ländlich-niederrheinischen Dörfern. Gleichwohl hat Meerbusch eine lange Geschichte. Nach den Römern kamen die Franken, später die Franzosen und die Preußen. Thomas Mann sammelte 1953 im Villenviertel „Meererbusch“ Ideen für „Die Betrogene“, eine seiner letzten Novellen. Heute ist die Stadt gefragter denn je, denn Meerbusch ist städtisch und dörflich, modern und traditionell gewachsen zugleich.*

Vom Bahnhof Meerbusch-Osterrath aus geht es zunächst rechts heraus zum Kreisverkehr an der **Bahnhofsstraße**. Hier nehmen wir den Radweg auf der gegenüberliegenden Straßenseite und fahren rechts weiter. Nun müssen wir rechts auf die **Strümper Straße** fahren, über die Bahngleise hinweg auf den Radweg auf der gegenüberliegenden Fahrbahnseite. Weiter geht es über die Gleise der K-Bahn an der Haltestelle

Fast majestätisch – der Dyckhof

„Holterheide“, danach geradeaus bis zum **Kalverdongs Weg**, in den wir rechts einbiegen. Wir befinden uns jetzt auf dem Radverkehrsnetz NRW und folgen auf der gesamten Tour den roten Pfeilen. Vor der Querung der K-Bahn an der Haltestelle „Kamper Weg“ fahren wir links vorbei an Osterath unter die A 57 hindurch. An der nächsten Wegkreuzung radeln wir links weiter. An der folgenden Wegkreuzung geht es rechts weiter in die Ortschaft Bovert hinein. Wir überqueren an der Ampel die L 26 und fahren rechts und danach sofort wieder links in die Straße **Am Meerbusch** bis zur Straße **Am Berg**, wo wir links abbiegen und den Stadtteil Bovert verlassen. Die Route führt uns auf dem Feldweg bis zu den Bahngleisen, die wir überqueren. Danach biegen wir sofort links in den Weg **Greit** ab. An dem Baggerloch mit Kieswerk fahren wir links in Richtung der Bahngleise und danach sofort wieder rechts auf einen Schotterweg zurück Richtung Autobahn A 57. Der Weg wird auf rund 200 m etwas ungemütlich, da sich hier zurzeit eine Großbaustelle befindet. Es geht weiter geradeaus entlang der Bahngleise. Auf der Höhe des auf der anderen Seite der Bahngleise liegenden ADAC-Verkehrsübungsplatzes, fahren wir links über die Bahngleise. Die Bahnschranken öffnen sich auf Anforderung. Am „Reitstall Schmitz“ biegen wir rechts auf die Straße Broicherseite ab und radeln weiter entlang des Meerbusches. Vor der imposanten Lauvenburg geht es links in die Straße **An der Lauvenburg**.

*Die **Lauvenburg** ist ein ehemaliger Rittersitz. Die Burganlage wurde im 14. Jahrhundert von einem Ritter namens Ludwig erbaut und bestand bis ins 17. Jahrhundert hinein. Die heutigen Gebäude wurden im 20. Jahrhundert neu errichtet. Der Name Lauvenburg leitet sich vermutlich aus der mittelalterlichen Kurzform des Namens Ludwig (Lof oder Luv) ab.*

Die Tour führt uns nun weiter, rechts in die **Lötterfelder Straße** hinein, vorbei an Blumenwiesen und Gärtnereien in Richtung Meerbusch/Büderich. Nach rund einem Kilometer sehen wir auf der linken Seite den **Dyckhof**, ein ehemaliger kurkölnischer Rittersitz, der 1339 zu ersten Male erwähnt wurde. Die phantastisch geschwungene Haube stammt aus dem Jahre 1666.

Wir biegen links in die Straße **Kreuzweg** ein und radeln auf dem Kopfsteinpflasterweg zum Dyckhof. Wir passieren den Parkplatz und radeln dann rechts, dem Schild „Ausfahrt“ folgend weiter. Wir kreuzen die nun folgende **Niederdonker Straße** und fahren auf dem **Sieben Schmerzen Weg** vorbei an der Niederdonker Kapelle weiter Richtung Meerbuch-Büderich. Entlang dieses Weges wurde vom Düsseldorfer Bildhauer Kurt Zimmermann die Bronzearbeit „Die Sieben-Schmerzen-Stationen Mariens“ geschaffen.

Wir radeln weiter, rechts auf dem Radweg entlang des **Hohegrabenwegs**. Nach wenigen Metern geht es links ab in die Straße **Auf den Stei-**

nen bis zur Düsseldorfer Straße/B 9. Dort fahren wir rechts und an der nächsten Ampel direkt wieder links. Wir kreuzen hier die B 9 und fahren weiter Richtung Lank/Latum, der Weg verläuft immer parallel zur **Poststraße**. An der Einmündung in die **Dorfstraße** fahren wir rechts. Links befindet sich der Romanische Kirchturm von Büderich. Der Turm ist der Rest der um 1200 errichteten früheren Pfarrkirche. Das Portal sowie die Christusfigur im Inneren der Kirche schuf Joseph Beuys im Jahre 1958. Wir überqueren die K-Bahn und fahren rechts in die **Niederlöricker Straße**, nehmen die nächste Möglichkeit links in den **Rheinfeldweg** und biegen dann rechts in den **Rheinpfad** ab. Der Weg geht weiter über eine Treppe, an der wir unser Fahrrad hoch schieben müssen.

In den Jahren 1998-2002 wurde die ***Flughafenbrücke*** *im Rahmen der A 44 – Rheinquerung gebaut und führt vom Autobahnkreuz Meerbusch-Strümp zum Flughafen und zur Messe Düsseldorf. Sie ist 1.286,50 m lang und der Abstand von der Fahrbahn für die Autos zur Fahrrinne der Schiffe beträgt 9,10 m. Die Rheinschiffe können die Brücke so ungehindert passieren. Die Pylonen sind 81 m hoch, ihre Form – ein umgekehrten V – wurde vor allem dadurch bestimmt , dass sich die Brücke in der Nähe der Einflugschneisen des Düsseldorfer Flughafens befindet und so die Höhe begrenzt werden musste. Insgesamt wurden rund 72.700 qbm Beton verbaut und ca. 80 Mio Euro investiert.*

Ländliche Idylle in Lötterfeld

Auf dem Deich geht es nun weiter links Richtung Krefeld Lank/Latum. Im weiteren Verlauf passieren wir die Kläranlage Nord der Stadt Düsseldorf und erreichen die Flughafenbrücke, die wir unterqueren. Am Alten Klär-

Die Flughafen-
brücke

werk Meerbusch/Langst verlassen wir den Deichweg und fahren links Richtung Krefeld/Lank-Latum/Fähre auf dem Euroga-Radweg. Radler die zur Fähre wollen oder einen Abstecher nach Düsseldorf-Kaiserswerth unternehmen möchten, fahren bitte direkt rechts auf den Weg unterhalb des Deiches. Unsere Route führt uns nun weiter geradeaus, wir überqueren die Straße **Am Oberbach** K 9 und radeln geradeaus weiter. Nach einer Weile sehen wir am Horizont den Wasserturm von Meerbusch Lank. Er wurde 1912 als Teil der Westdeutschen-Celluloid-Werke erbaut und wird heute als Kulturzentrum „Forum Wasserturm“ genutzt. Wir passieren nun ein idyllisches Gehöft und müssen dann rechts den kleinen Schotterweg Richtung Meerbusch/Lank nehmen. Es geht über die K 16 weiter geradeaus auf unserer Rundroute. An der nächsten Wegeinmündung fahren wir rechts auf der Hauptstraße ins alte Zentrum von Meerbusch-Lank. Dieser Abstecher lohnt sich, da Sie direkt auf den schönen alten Marktplatz treffen und sich Ihnen Möglichkeiten zur Erfrischung bieten. Wir fahren auf der **Pappelallee** weiter, bis wir rechts in die Tempo-30-Zone der **Stormstraße** einbiegen. An deren Ende fahren wir links in die **Gonella-Straße** hinein und müssen dann am Ende der Straße einen Kreisverkehr überqueren. Dazu fahren wir zunächst links und dann sofort wieder rechts und radeln auf der anderen Straßenseite links weiter. Wir passieren die Bushaltestelle „Schillerstraße“ und fahren sofort wieder rechts in den Wirtschaftsweg hinein, der uns in den Herrenbusch führt. Direkt nachdem wir in den Wald hineingefahren sind, sehen wir links beeindruckende Kunstwerke – die „Stummen Kunstzeugen“.

Der Meerbuscher Kulturkreis e.V. präsentiert hier fünf maskierte Bäume als sichtbare Naturkunstwerke. Die gezeigten Markierungen sind aus Kalk und dienen dem Schutz des Baumes gegen schadhafte Umwelteinflüsse wie beispielsweise den sauren Regen.

Ein alter Grenzstein

Wir fahren weiter auf dem Hauptweg durch den Wald. Nach dem Waldweg radeln wir weiter links an einem Wegkreuz vorbei in die Ortschaft Ossum hinein. In der Ortschaft fahren wir links Richtung Meerbusch-Bösinghoven weiter. Links hinter dem Ortsausgang sehen wir einen

Wald. In diesem Wald verbirgt sich der ehemalige Rittersitz „Haus Gripswald“, welcher erstmals 1220 schriftliche belegt wurde.
Wir fahren weiter bis zur L 386 und danach rechts Richtung Osterath. An der nächsten Straßeneinmündung biegen wir links ab und unterqueren zunächst die A 57 und kommen dann in die Ortschaft Meerbusch-Bösinghoven. Wir folgen der **Bösinghovener Straße** bis wir links in die **Fischelner Straße** einbiegen. Vor dem Bahnübergang biegen wir links ab und folgen dann der Ausschilderung rechts über die K 6 Richtung Osterath. Vorbei am Haus Radong auf der linken Seite, unterqueren wir die A 44 auf dem **Meyersweg**. Hinter dem alten Deponiegelände geht es links ab Richtung Osterath. Wir passieren die „Sankt Mauritius Therapie Klinik“ und fahren an der **Strümper Straße** rechts zurück in Richtung Bahnhof Osterath. Wir fahren vorbei an der K-Bahn-Haltepunkt „Hoterheide“ und radeln auf der Strümper Straße bis zum Bahnübergang, den wir überqueren. Nun geht es links in die **Bahnhofsstraße** bis zum Bahnhof Meerbusch-Osterrath, dem Ausgangpunkt unserer Tour.
Sollten Sie noch etwas Zeit bis zur Ankunft Ihres Zuges haben, können Sie Ihre Beine im Osterather Rathaus-Park baumeln lassen und entspannen.

Der Osterrather Rathaus-Park

Rhein
Langst-Kierst
Ilverich
A44
B9
14
Büderich
Neuss
K-Bahn
Lank-Latum
B222
Gartenstadt Meerer Busch
Lötterfeld
Strümp
Strümper Busch
Meerbusch
28
Ossum
A57
Bovert
Neusser Furth
Bösing-hoven
Start/Ziel
Osterath
Kaarst
12
0
1 km

Serviceteil

Tour 1

Bayerwerk Dormagen

Bayer Industry Services, Werksleiterbüro / Nachbarschaftsservice, Dormagen, G 17, Tel: 02133-51 48 60
www.dormagen.bayer.de

Clemens-Sels-Museum

Am Obertor, 41464 Neuss, Tel: 02131-90 41 41
Öffnungszeiten: 11.00 – 17.00 Uhr, sonn- und feiertags bis 18.00 Uhr, Montag Ruhetag
www.clemens-sels-museum.de

Tour 2

Klosterhof Knechtsteden

41540 Dormagen, Tel: 02133-8 07 45
Öffnungszeiten: täglich 18.00 -22.00 Uhr, So ab 17.00 Uhr, Dienstag Ruhetag

Tour 3

Kulturzentrum Sinsteden mit Cafeteria "Em Stüffje"

Grevenbroicher Str. 29, 41569 Rommerskirchen, Tel: 02183-7045 oder 44 02 04

Tour 4

Stiftung Insel Hombroich "Kunst parallel zur Natur"

41472 Neuss-Holzheim, Tel: 02182-2094
Öffnungszeiten: 10 – 18 Uhr, 1. Dezember bis 31. Januar geschlossen
www.inselhombroich.de

Tour 5

Stadtführungen Kaiserswerth

Franz-Josef Vogel, Tel: 0211-40 11 16 / Wilhelm Mayer, Tel: 0211-40 36 14

Fähren

Uedesheim – Himmelgeist: Rheinfährbetrieb Schäfer GmbH,
Tel: 02150-1002 und 02150-6530. 0173-925 17 72 (mobil)
Langst-Kierst – Kaiserswerth: Rheinfährbetrieb Schäfer GmbH
(Tel: s.o.)
Zons – Urdenbach: Schifffahrtsbetrieb Hahn, Tel: 02133-4 21 49

Schloss Benrath

Benrather Schlossallee 100-106, 40597 Düsseldorf,
Tel: 0211-899 38 32
Öffnungszeiten: 16.04. – 31.10. Di – Do 10.00-18.00 Uhr, 1.11.-15.4.
Di-So 11.00-17.00 Uhr
www.schloss-benrath.de

Kulturforum Alte Post

Neustraße 28, 41460 Neuss, Tel: 02131-90 41 22
Öffnungszeiten: Mo-Fr 16.30-14.30 Uhr, So 12 – 18 Uhr
Eintritt frei
www.altepost.de

Tour 6

Café zur Mühlenstube

Langerweg 1-9, 41517 Grevenbroich, Tel: 02181-49 89 01

Museum am Stadtpark

Am Stadtpark, 41515 Grevenbroich, Tel: 02181-65 96 96

Tour 7

Kinderbauerhof Selikum

Nixhütter Weg 141, 41466 Neuss, Tel: 02131-9085
Eintritt frei, ab 9.00 Uhr geöffnet
www.kinderbauernhof-neuss.de

Klosterstuben Langwaden

Kloster Langwaden, Tel: 02182-88 02 17
Montag Ruhetag

Tour 8

Nikolauskloster

41363 Jüchen, Tel: 02182 / 4055
www.oblaten.de/nikolauskloster

Schloss Dyck

Stiftung Schloss Dyck, 41363 Jüchen, Tel: 02182-8240
www.stiftung-schloss-dyck.de

Dycker Weinhaus

Klosterstraße, 41363 Jüchen-Damm, Tel: 02182-85050
www.dycker-weinhaus.de

Kelzenberger Bäckerei

Keltenstraße 53, 41363 Jüchen, Tel 02165-1296
www.schwarz-brot.de

Tour 9

Bolten Brauerei

Tel: 02161-61790-0 info@bolten-brauerei.de

Heimatverein Liedberg

Leo Strerath, Schloßstraße 28, 41352 Korschenbroich,
Tel: 02166-8 70 33

Rittergut Birkhof

Tel: 02131-5 10 60

Tour 10

Braunsmühle

An der Braunsmühle 2, 41564 Kaarst, Tel: 02131-51 15 53
www.braunsmuehle.de

Museum Tuppenhof
Rottes 27, 41564 Kaarst, Tel: 02131-51 14 27
www.tuppenhof.de

Hotel „Jan van Werth“
Holzbüttger Straße 2, 41564 Kaarst-Büttgen, Tel. 02131-75880
www.hotel-jan-van-werth.de

Tour 11

Stiftung Insel Hombroich s. Tour 4

Clemens-Sels-Museum s. Tour 1

Tour 12

Gut Dyckhof
Am Dyckhof 3, 40667 Meerbusch, Tel: 02131-9777
www.gutdyckhof.de

Allgemeine Informationen

Tourist Information Neuss, Rathausarkaden, Büchel 6, 41460 Neuss, Tel: 02131/4 03 77 95, www.touristinfo-neuss.de

Stadt Dormagen Touristinformation, Schlossstraße 2 - 4, 41541 Dormagen, Tel: 02133/9749770

Radstationen

Fahrrad-Radstation, Further Str. 2, 41464 Neuss, Tel: 02131-66 19 89-0

Radstation, Bahnhofsvorplatz 1, 41515 Grevenbroich, Tel: 02181-16 26 85